ZHONGGUO
LIDAI
KAIGUO HUANGDI

中国历代开国

世界图书出版公司
广州·北京·上海·西安

图书在版编目（CIP）数据

中国历代开国皇帝／《中国历代开国皇帝》编写组
编 . —广州：广东世界图书出版公司，2010. 8（2024.2 重印）
ISBN 978 - 7 - 5100 - 2592 - 1

Ⅰ. ①中… Ⅱ. ①中… Ⅲ. ①皇帝 - 生平事迹 - 中国
- 通俗读物 Ⅳ. ①K827

中国版本图书馆 CIP 数据核字（2010）第 160407 号

书　　名	中国历代开国皇帝
	ZHONG GUO LI DAI KAI GUO HUANG DI
编　　者	《中国历代开国皇帝》编写组
责任编辑	康琬娟
装帧设计	三棵树设计工作组
出版发行	世界图书出版有限公司　世界图书出版广东有限公司
地　　址	广州市海珠区新港西路大江冲 25 号
邮　　编	510300
电　　话	020-84452179
网　　址	http://www.gdst.com.cn
邮　　箱	wpc_gdst@163.com
经　　销	新华书店
印　　刷	唐山富达印务有限公司
开　　本	787mm×1092mm　1/16
印　　张	13
字　　数	160 千字
版　　次	2010 年 8 月第 1 版　2024 年 2 月第 9 次印刷
国际书号	ISBN　978-7-5100-2592-1
定　　价	59.80 元

❖ 前　言

　　华夏文明已有上下五千年的历史，而其中有两千多年处于封建社会。作为封建社会最高统治者的称谓——皇帝从秦始皇的时候就有了。秦始皇统一六国后，王绾、李斯等根据三皇的名称，上尊其为泰皇。而嬴政自以为"德兼三皇，功高五帝"，决定兼采帝号，称为始皇帝。从此中国历代封建君主都称皇帝。

　　本书介绍了自秦朝始皇嬴政以来的十四位功勋卓著的开国皇帝。他们分别是横扫六国、修筑长城、焚书坑儒的"千古第一帝"秦始皇嬴政；楚汉之争取得胜利的布衣天子汉高祖刘邦；昆阳大捷、"柔道治国"的刘秀；外戚专权、统一全国的隋文帝杨坚；"铁腕"治国的千古第一女皇武则天；陈桥兵变、黄袍加身的宋太祖赵匡胤；几乎横扫整个东亚的一代天骄成吉思汗；佛门弟子、号令天下的明太祖朱元璋……纵观这些历代开国皇帝，他们中的大多数都身经百战、百折不挠，终成为一朝的创立者；他们都拥有广阔的胸襟和伟大的抱负，登上了万人景仰的帝位；他们每一个又都是生活的强者，沉着应对每一次生命的考验，创下了不朽的历史功勋。正是他们所拥有的这些人格魅力使他们演绎出了一部部精彩绝伦的历史，让人叹服，叫人景仰。

　　正如唐太宗多说"以铜为镜，可以正衣冠；以古为镜，可以知兴替；以人为镜，可以明得失"，希望广大的青少年朋友通过阅读本书后，能像历代开国皇帝一样树立远大的志向，艰苦奋斗，从容地面对学习、生活乃至以后工作中的困难，在漫漫人生路上走得更远，努力创造出自己辉煌的人生。

让我们共同走进这本《中国历代开国皇帝》吧！

编　者

❖ 目 录

秦始皇嬴政

　　秦始皇嬴政（前259～前210年），秦庄襄王之子，出生于赵国首都邯郸（今河北省邯郸市），中国历史上第一个大一统王朝——秦王朝的开国皇帝。公元前247年，13岁的秦王政即位，因年幼朝政由太后、吕不韦和嫪毐掌管。公元前238年，嬴政在故都雍城举行了国君成人加冕仪式，开始"亲理朝政"，除掉吕不韦、嫪毐等人，重用李斯、尉缭等。公元前230～前221年，逐一消灭对立抗争的韩、赵、魏、楚、燕、齐六国，39岁时完成了统一中国的大业，建立起一个以汉族为主体、多民族统一的中央集权的强大国家——秦朝，定都咸阳。公元前210年，秦始皇东巡途中驾崩于沙丘（今河北省邢台市）。秦始皇认为自己的功劳胜过三皇五帝，因此他是我国历史上第一个使用"皇帝"称号的君主，对我国和世界的历史均产生了深远而重大的影响，被明代思想家李贽誉为"千古一帝"。

消灭六国

　　战国时期，经过长期诸侯割据战争，一些弱小国家相继灭亡，只剩下了史称"战国七雄"的齐、楚、燕、韩、赵、魏、秦。为了发展经济，提升自身的战斗力，他们都在本国展开了富国强兵的变法活动。魏国任用李悝变法，楚国任用吴起变法，赵国有武灵王改革，但最有成效的是秦国商鞅变法。

秦孝公任用商鞅之后，从公元前356～公元前350年进行了大规模的变法改革，国力逐步强盛。军事制度方面实行按郡县征兵，完善了军队组织，提高了军队战斗力，其实力已远远地超越其他六国；军事策略上改变了劳师远征的战略，采用范雎"远交近攻"的策略，逐渐蚕食并巩固其占领地区，实行有效占领。在这些政策下，秦国相继攻占韩国的黄河以东和以南地区，为秦王嬴政统一六国奠定了一定的基础。

嬴政即位后，继承了自秦孝公以来变法革新、奖励耕战的一系列政策，使秦国成为七国中最强大的国家，而相对弱小的东方六国统治集团，内部相互倾轧，争权夺利，政局很不稳固。各国之间的长期战争，使国力严重削弱。六国面对强秦的威胁，虽然屡次合纵抗秦，但在秦国连横策略下先后都失败了。

嬴政的雄才大略在亲政后也渐渐凸显出来。他周密部署统一六国的战争，纵横于南北之间，为日后称帝建立了雄厚的政治资本。他听从李斯、尉缭制定的良好战略，将消灭六国分为两个步骤：一是乘六国混战之际，秦国"灭诸侯，成帝业，为天下一统"。"毋爱财物，赂其豪臣，以乱其谋"，从内部分化瓦解敌国的联合。二是继承秦国长期以来运用的"远交近攻"政策，确定了先弱后强、先近后远的具体战略部署，李斯建议嬴政先攻韩、赵。按以下顺序进行：笼络燕齐，稳住楚魏，消灭韩赵，然后各个击破，统一全国。在这种战略方针指导下，一场统一战争开始了。

公元前236年，嬴政趁赵国攻打燕国，国内空虚之际，兵分两路大举攻赵，拉开了统一战争的序幕。秦国连续几年攻打赵国，极大地削弱了赵国实力；另一方面赵国也是当时的强国，实力虽被削弱，但还没有到束手就擒的地步，因此秦国在一时之间也没有更好的办法将其消灭。

于是秦国转攻韩国，公元前231年，攻下韩国南阳。次年，秦国内史滕率军北上，攻占韩国都城阳翟（今河南禹州市），韩王安率王族投降，后被秦封为归义侯。秦在韩地设置颍川郡，韩国从此在战国七雄中消失。

公元前229年，秦国又大举攻赵，名将王翦率军由上党（今山西长治市）出井陉（今河北井陉县），杨端和从河内进攻赵都邯郸。赵国派大将李牧迎战，双方互有胜负，陷入僵局，相持一年之久，秦军始终不能越雷池一步。秦国见久攻不下，于是，运用反间计，让赵王撤换并杀死大将李牧。由于临阵杀将，李牧原统率的精锐部队痛恨赵国王室的昏庸无道，于是纷纷逃亡，赵国军事力量立即瘫痪。

公元前228年，王翦向赵国发起总攻，秦军很快攻占了邯郸，赵王迁被俘，弟弟公子嘉逃往代地，自封为王，继续抗秦，直至秦王政二十五年（公元前222年）兵败被灭。

秦国攻赵的同时，大将王翦带领军队向北进军，兵临燕境。燕国无力抵抗，太子丹企图以刺杀秦王的办法挽回败局，于是上演了一出历史上著名的"荆轲刺秦王"的好戏。但是荆轲行刺并没有成功，却正好为嬴政提供了一个绝好的借口。于是，他立即派王翦率兵攻打燕国，秦军在易水（今河北易县境内）大败燕军。第二年十月，王翦攻陷燕国都蓟（今北京市），燕王喜与太子丹率残部逃到辽东（今辽宁辽阳市）。

自此，中国北方大部分地区都被秦国占领，只有地处中原的魏国，孤立无援。公元前225年，秦将王贲率军出关中，东进攻魏，只用了很短的时间，就包围魏都大梁（今河南开封市）。尽管魏国兵力不强，但军民仍顽强抵抗了强大的秦军达半年之久。在双方僵持不下的情况下，秦军引黄河水灌城，攻陷大梁，魏王假投降。这时，秦军大将王贲恨魏王组织军民抵抗日久，将魏王假斩首，并将魏国王室灭族，从此魏国也成了秦国的一部分。

嬴政此时纵横天下，虽然有两国未亡，还有一些残余势力在抵抗，但强弱已定，统一天下已是指日可待了。

早在秦军攻取燕都时，秦王嬴政就把进攻目标转向楚国。公元前 226 年，嬴政问诸将攻楚需要多少兵力，老将王翦认为楚国地广兵强，必须有六十万军队才能伐楚，而李信则说只用二十万军队就能攻下楚国。秦王嬴政认为王翦因年老怯战，没有听取他的意见，就派李信和蒙恬率军二十万攻打楚国。公元前 225 年，秦军南下攻楚，楚将项燕率军抵抗。刚开始秦兵进军顺利，在平舆（今河南汝南县东南）和寝（今河南沈丘县东南）击败楚军，向城父（今河南宝丰县东）进军。项燕率军反击，在城父大败秦军，李信败逃回国。

公元前 224 年，秦王嬴政认识到了自己的错误，认为攻打楚国没有王翦是不可能成功的，于是亲自向王翦赔礼道歉，请求他率六十万大军再次攻打楚国。王翦接到命令后，立刻整装出征。与楚军在陈（今河南淮阳县）相遇，王翦按兵不动，以逸待劳，楚军屡次挑战，秦军不与交战，项燕只好率兵东归。王翦抓住楚军退兵的时机，挥师追击，在蕲（今安徽宿州市）大败楚军，杀楚将项燕。第二年，秦军乘胜进兵，俘虏楚王负刍，攻占楚国国都郢（今湖北荆州市），设置郢郡，楚国灭亡。

后来，嬴政以楚王负刍杀兄自立、其位不正为借口，将其处斩。楚人知道这个消息，全国上下民怨沸腾，加上痛惜楚将项燕战死，于是楚人用"楚虽三户，亡秦必楚"的歌谣，诅咒秦人，埋下了日

后复仇灭秦的火种。

五国灭亡后，只剩下东方的齐国，还有燕、赵的残余势力。公元前222年，秦将王贲率军歼灭了辽东燕军，燕王喜杀太子丹向秦投降，嬴政看在燕王喜杀子请降的分上，没有杀他，只将喜贬为庶人。

王贲胜利回师途中又在代北（今山西代县）俘获赵国残余代王嘉（在押送途中自杀），然后从燕地直逼齐国。齐王建慌忙在西线集结军队，准备抵抗。公元前221年，秦军避开西线齐军主力，从北面直插齐国都城临淄（今山东淄博市）。在秦国大兵压境的形势下，齐王建不战而降，齐国成了六国中最顺利被灭亡的一国。齐王建在被押送途中经过河内共地（今河南辉县）时，被扔在五棵松柏之间，无米粟供应，最终被活活饿死。

秦王嬴政在十年之中，以他的雄才大略，结束了自春秋战国以来数百年分裂割据、战乱不已的局面，出现了中国历史上第一次大一统的局面。他顺应历史发展的要求，完成了历史赋予的神圣使命，在中国历史上留下了光辉的一页。

加强中央集权

嬴政消灭六国、一统天下后，建立了以咸阳为首都，包括"东至海暨朝鲜，西至临洮、羌、卜（甘青高原），南至北向户（岭南），北据河为塞，并阴山至辽东"幅员辽阔的国家。尽管嬴政用武力完成了统一，但是由于长期割据所形成的各地差异依然存在。于是，他以巩固统一为核心，以秦国的制度为蓝本，在政治、经济、文化等各个领域实行全面改革，创立空前庞大的统一的封建帝国。

对建立一个什么样的国家，大臣们都有自己的意见。丞相王绾主张建立分封制的国家，而廷尉李斯则反对分封诸侯，坚持建立郡县制的中央集权制国家。嬴政认为立诸侯国如同树兵，分封制容易造成政权分散、群雄割据的局面，因此同意李斯的意见，决定在秦国原来的政权基础上建立中央集权制的国家机器。

● 首称皇帝

春秋战国时期，各国的最高统治者一般都称为"王"或"君"。但嬴政统一中国以后，觉得六王已灭，天下一尊，自己是"德迈三皇，功过五帝"，"王"已不足以显示自己的尊贵，就下令左右大臣们议称号，以树立最高统治者的绝对权威。

经过一番商议，丞相王绾、御史大夫冯劫、廷尉李斯等人认为"古有天皇、有地皇、有泰皇，泰皇最贵"，建议嬴政使用"泰皇"。嬴政对这个称谓不太满意，于是他单取一个"皇"字，同时又采用上古的"帝"字，创造出"皇帝"这个新的称谓。此后，"皇帝"就代替了"王"，成为最高统治者的称谓。

嬴政成了中国历史上第一位皇帝，自称为"始皇帝"。他又规定：自己死后皇位传给儿孙，"后世以计数"，称为"二世"、"三世"，"至于万世，传之无穷"。

为了显示皇帝的威严和与众不同，强化皇权在人们心目中的神圣感，秦始皇采取了一系列"尊君"的措施。如取消谥法，不准后代臣子评价自己；皇帝的命为"制"，令为"诏"；文字中不准提起皇帝名字，要避讳；皇帝自称"朕"，印章称"玺"，而一般民众再不许使用"朕"、"玺"二字。此外，还制定了一套服饰制度。从而强调"皇帝"的唯我独尊。

● "三公九卿"制度

为了有效地管理国家，也为了替子孙万代奠定基业，秦始皇吸取了战国时期设置官职的经验，建立了一套相当完整的中央集权制度和政权机构。这使得中国的封建制度开始有了完善的体系，也为以后历朝历代的体制奠定了良好的基础。

秦始皇规定：国家的最高统治者是皇帝。皇帝之下设中央政权机构，由"三公"分管：丞相，为百官之长，协助皇帝处理全国的政务；太尉，为武官之长，掌管全国的军事；御史大夫，辅佐丞相，主要管理记事并掌管图籍、奏章，监察各级官吏。"三公"之下设有"九卿"，具体掌管各方面事务的官吏。奉常，掌宗庙礼仪，地位很高，属九卿之首；治粟内史，掌管谷货；宗正，掌管皇室属籍；少府，掌管山海泽池之税和官府手工业制造以供应皇室的需用；典客，负责民族事务和外事；太仆，掌管皇帝车马；郎中令，负责皇帝的安全工作；廷尉，掌管司法；卫尉，掌管皇帝的警卫部队。丞相、太尉、御史大夫与诸卿议论政务，并对皇帝直接负责，皇帝对重大事务做最后的裁决。这就确立了以皇帝为中心的国家政治制度，达到中央集权制的目的。

地方各级行政机构的设置，秦始皇采纳李斯的建议，废除分封制，改行郡县制。地方行政机构分郡、县两级，郡县主要官吏由中央任免，从而把全国分成三十六郡。每个郡都设有郡守，为一郡的最高长官，总管一郡的政务；郡尉则掌管一郡的军队；监尉史负责督察一郡的官吏和百姓。郡下设县，县下设乡、亭、里。县按万户以上设县令，万户以下设县长，是一县的最高长官。县长下设县丞，是县令（长）的助理。县尉则掌管一县的军事。

县以下有乡，主要有摊派徭役、征收田赋、查证本乡被告案情、参与对国家仓库粮食的保管工作等职能。乡设三老掌管教化。

乡下有里，是最基层的行政单位。里有里典，后代称里正、里魁，由"豪帅"即强有力者担任。里中设置严密的什伍户籍组织，以便支派差役，收纳赋税。并规定互相监督告奸，一人犯罪，邻里连坐。此外还有司治安、禁盗贼的专门机构，叫做亭。亭除了主要管理治安，还负责接待往来的官吏，掌管政府输送、采购、传递（文书）等事。两亭之间，相距大约十里。

秦王朝所推行的封建官僚制度，是中国政治制度史上的一大进步，它不仅改变了世袭制，而且取消了"食邑"、"食封"制，规定了每一级官吏俸禄，自丞相至下层官吏皆有定秩，由"二千石"至"斗食"不等。这种制度自秦统一后在全国实行，在封建社会2000余年之久的时间里，基本没有太大的变化。通过这套官僚机构，皇帝的权威可以直达地方，从上到下对全国进行统一的统治。

● **军队建设**

秦国规定：男丁23岁（实际15岁）以上要服兵役二年。具体而言，分为正卒、戍卒、更卒三类。按照规定正卒守卫京师一年；戍卒戍守边疆一年；更卒在本郡、本县内服役一个月。驻各郡的正规军叫材官，分为步兵和水兵（楼船）两种。军队的调动，以虎符为凭据。当然，军权也是掌握在皇帝的手中。

为了大权不致旁落，秦国规定丞相、太尉、御史大夫分掌政、军和监察大权，互不统属。如丞相总领朝廷集议和上奏，协助皇帝处理日常事务，并收阅各地的"上计"。统兵之权属于太尉，而且御史大夫也有权复查大臣的上奏和地方的"上计"。太尉虽名为最高军事长官，但实际只有带兵的权力，而无调兵之权。由于三公互不统属，所以最后决断权只能归皇帝一人。

● **全面统一**

· 书同文

殷商以后，文字逐渐普及。金文作为官方文字，其形制比较一致。但是春秋战国时期的兵器、陶文、帛书、简书等民间文字存在着区域间的差异。这种状况妨碍了各地经济、文化的交流，也影响了中央政府政策、法令的有效推行。于是，秦统一中原后，秦始皇

下令李斯等人进行文字的整理、统一工作。

李斯以战国时期秦人通用的大篆为基础，吸取齐鲁等地通行的蝌蚪文笔画简省的优点，创造出一种形体匀圆齐整、笔画简略的新文字——"秦篆"，又称"小篆"，并把它作为官方规范文字，同时废除其他异体字。此外，一位叫程邈的衙吏因犯罪被关进云阳的监狱，在坐牢的十年时间里，他对当时字体中已出现的一种变化（后世称为"隶变"）进行总结。此举受到秦始皇的赏识，于是将他释放，并提升为御史，命其"定书"，制定出一种新字体，这便是"隶书"。隶书打破了古体汉字的传统，奠定了楷书的基础，提高了书写效率。

秦始皇下令统一和简化文字，是对我国古代文字发展、演变做了一次总结，也是一次大的文字改革，对我国文化的发展起了重大作用。

· 度同制

秦朝统一全国以前，各国都流通着自己的货币，不但形状、大小、轻重不同，而且计算单位也不一致。秦统一后，规定货币分金和铜两种：黄金称上币，以镒（秦制二十两为镒）为单位；铜钱称下币，统一为圆形方孔，以半两为单位，称为"半两"钱。金币主要供皇帝赏赐，铜币才是主要的流通媒介。

秦在统一全国前，度量衡方面的情况与货币一样混乱。统一全国后，秦始皇以原秦国的度量衡为单位标准，淘汰与此不合的制度。秦朝在原商鞅颁布的标准器上再加刻诏书铭文，或另行制作相同的标准器刻上铭文发到全国，凡是与标准器不同的度、量、衡一律禁止使用。

在田制上，秦王朝规定六尺（合今二百三十厘米）为步，二百四十步为一亩。这一亩制以后沿用千年而不变。

·车同轨

战国时期，各国的车辆形制不一。秦始皇统一全国后，规定车宽以六尺为制，一车可通行全国。

·行同伦

"行同伦"就是端正风俗，建立起统一的伦理道德和行为规范。在这方面，秦王朝也相当的重视。比如秦始皇二十八年（公元前219年），始皇令人在泰山所刻的石上记下"男女礼顺，慎遵职事，昭隔内外，靡不清净，施于后嗣"（意思是男女之间界限分明，以礼相待，女治内，男治外，各尽其责，从而给后代树立好的榜样），予以表彰。

●法律建设

秦朝的法律有三十余种，如《田律》、《关市律》、《军爵律》、《置吏律》、《司空律》、《工律》、《挟书律》、《盗法》、《贼法》、《连坐法》等，包括了政治、经济、军事和文化方面的各种法律，用以维护封建等级制度和封建秩序。在刑罚方面，以重刑为主，其刑目也有数十种，如劓、宫、黥、弃市、腰斩等刑。

秦始皇统一全国后所采取的这些措施，对消除封建割据、加强中央集权、巩固多民族国家的统一、发展封建经济和文化，具有重大而深远的影响。这也是秦始皇的历史功绩。

修筑长城

中国自古以来是一个多民族的国家。战国时期，北方居住着已经进入了奴隶制社会的匈奴，他们占有今内蒙古、宁夏一带的广大草原，常常侵扰相邻的秦、赵、燕三国北部边地。

秦朝统一以后，匈奴仍然南下侵扰。为了保证中原地区的安定，秦始皇派大将蒙恬率兵三十万，镇守北疆。经过几次英勇战斗，蒙

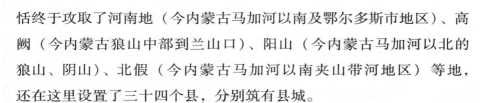

恬终于攻取了河南地（今内蒙古马加河以南及鄂尔多斯市地区）、高阙（今内蒙古狼山中部到兰山口）、阳山（今内蒙古马加河以北的狼山、阴山）、北假（今内蒙古马加河以南夹山带河地区）等地，还在这里设置了三十四个县，分别筑有县城。

公元前211年，秦始皇下令从中原地区迁徙三万多户人家到这里落户。接着，秦始皇就开始大规模修筑长城，把战国时期的秦、赵、燕三国修建的长城连接起来，再修筑了一部分，修筑后的长城西起陇西临洮（今甘肃岷县）、东至鸭绿江，长达一万余里，这就是举世闻名的万里长城。

万里长城，是古代世界历史上最伟大的建筑工程之一，是中华民族的象征、华夏儿女的骄傲，是中华民族勤劳、勇敢和智慧的结晶。它的建成，对防止匈奴南下，保卫中原地区经济、文化的发展，起到了巨大的作用。

焚书坑儒

为了控制全国的舆论与宣传，秦始皇实行了文化专制以稳定政权。他采取了李斯的建议，实施"焚书坑儒"政策来巩固皇权。

公元前221年，六国的遗老遗少和贵族大肆引经据典谈论朝廷政事，虽然朝廷法令严酷，但时间一长，他们也就胆大妄为了。特别是那些儒生，他们常常借用兴办私学的名义，借古讽今，惑乱百姓，造成了极大的影响。大量的舆论宣传直指新政权，秦始皇深感不安，力求解决这种现状的措施。

公元前213年，秦始皇在咸阳宫召集群臣举行宴会庆贺自己北筑长城、南伐百越的功绩。博士仆射周青臣颂扬秦始皇"神灵圣明"，他说："陛下统一海内，灭亡诸侯，改设郡县，没有战争的忧患，百姓人人感到幸福快乐，这是前所未有的盛事。这样的帝王之业，可以传至万世。"此时，旧势力的代表人物淳于越却提出："商、周的王位能够传一千多年，是因为分封制的实施。现在陛下设郡县、去分封，假如有人突然起来篡权，没有辅佐怎能相救呢？"并借机攻击道："事不师古而能长久者，非所闻也。"群臣一片哗然。

秦始皇就这一问题让众臣议论，各抒己见。丞相李斯力排众议，对以淳于越为代表的反对派论调进行了严厉驳斥。他说："五帝不相复，三代不相袭，治国方法各异。如今，天下已定，法令统一，百姓积极而努力生产，儒生们本应学习法令，为国效力，相反，以淳于越为代表的'愚儒'们却'不师今而学古，以非当世，惑乱黔首'，这些人'入则心非，出则巷议，夸主以为名，异取以为高，率群下以造谤'。"他又提出，这些以淳于越为代表的"愚儒"们是秦朝政权和国家顺利发展的绊脚石，应当及早除掉。

秦始皇对李斯的这番分析十分满意，于是，他准许了李斯提出的焚书的建议，即史书除《秦记》之外一律烧掉；《诗》、《书》、百家语除博士官收藏的以外，其他人的藏书都限期集中到郡，由郡守、郡尉监督烧掉；医药、卜筮、种树等书不在禁列；有敢相互谈论《诗》、《书》的，判处"弃市"的死刑；"以古非今者族"；"吏见知不举者，与同罪"；"令下三十日不烧，黥为城旦"。

于是，全国各地青烟滚滚，大批古代文献、典籍毁于大火之中，中国古代思想文化遭到了前所未有的摧残。这就是历史上有名的"焚书"事件。

事情发展到此并没有完全结束。秦始皇知道虽然书焚了，但是人们的思想无法烧掉，而自己的政权机构中还有"复古思想"的存在，于是在焚书之后的第二年，又实施了"坑儒"。由于大量焚书，引起不少儒生和方士的不满，他们继续大造舆论，谩骂、攻击秦始皇，说他"专任狱吏"、"乐以刑杀为威"、"贪于权势"等。秦始皇

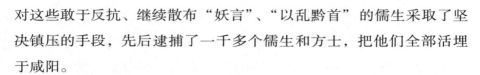

对这些敢于反抗、继续散布"妖言"、"以乱黔首"的儒生采取了坚决镇压的手段，先后逮捕了一千多个儒生和方士，把他们全部活埋于咸阳。

秦始皇的长子扶苏进谏说："天下初定，远方百姓还未安定，诸位先生都诵法孔子，陛下重法绳之，臣恐天下不安。望陛下三思。"秦始皇不但不采纳扶苏的建议，还把他赶出咸阳到北边去执行监军任务。

经历"焚书坑儒"的事件后，不仅士人，就连普通老百姓也极端痛恨秦始皇。楚地流行着"楚虽三户，亡秦必楚"的歌谣，诅咒秦王朝灭亡。公元前 211 年，东郡落下一块陨石，有人在石上刻了一行字："始皇帝死而地分。"秦始皇知道后，派遣御史追查刻字的人，由于无人承认，便把陨石附近的居民全部杀死，然后销毁陨石。如此，百姓的怨恨更深了。

焚书坑儒，尽管对巩固国家统一、消除割据意识起到了一定的作用，但是秦始皇采取这种野蛮的、残酷的手段，无疑是对中国古代文化一次严重的摧残。

求长生未遂

秦始皇作为一位雄才大略、独创体制的封建君主，统一天下后却把很大的精力投入到寻神仙、求仙药的活动中。为此，他巡游全国、北击匈奴、坑杀儒士、兴建宫室，不惜一切代价企图长生不死，以致最后死在了巡游求仙的途中。

秦始皇的求仙活动是他过分狂傲的表现之一，他认为，既然能取得"自上古以来未尝有，五帝所不及的"的功业，那么自己的寿命也应该是前所未有的，别人没有实现的求仙愿望，自己当然也应该达到。于是做起了权威无限、生命无限的春秋大梦。

秦始皇在统一全国后的十一年里，在全国范围内进行了五次巡行。一方面是为了解下情，炫耀威风；另一方面就是为了寻访仙山，求得长生。秦始皇还命人在出巡的路上留下许多歌功颂德的石刻，如著名的泰山上的石刻。或许，也正是因为这些功绩足以让他自豪，所以他才想让自己永远站在历史的丰碑上，享受万民的景仰，于是千方百计地寻求仙丹妙药。

为了拜见神仙，求得仙药，秦始皇出巡总是选择去海边，因为他听说神仙在海的不远处。他共到碣石（现在的河北昌黎）一次，到成山（现在山东成山角）两次，到琅琊和芝罘三次，因为传说这些地方是神仙眷顾之所在。每到一个地方，秦始皇都要派很多方士去求仙找药，他曾派徐福率童男、童女数千至东海中求仙等，耗费了巨大的人力、物力、财力，给人民带来了深重的苦难。但他万万没有想到自己会死在追求成仙的路上。

为了防止秦始皇的儿子们争夺皇位而导致天下大乱，李斯等人封锁了秦始皇逝世的消息，将其尸体放在车里继续向咸阳赶路，但正值炎热的夏季，尸体开始腐烂，散发出臭气，为了掩盖，李斯让每辆车上都装一袋咸鱼，用鱼臭掩盖尸体的腐臭。

赵高比李斯更为奸诈，他为了自己专权，竟借扶苏不喜欢李斯的事情来蛊惑李斯和他一起篡改了诏书，让胡亥继承了皇位，同时假造圣旨让扶苏自尽。

秦始皇一心追求长生不老，可是，他还是死在了追求长生的路上；秦始皇一直做着他的万世美梦，可他万万想不到，秦国在他死后仅仅几年时间就灭亡了。

荆轲刺秦王

秦国将军王翦攻破赵国，俘虏赵王，占领了赵国的国土，军队继续向北侵占土地，到达燕国南部的边界。

燕太子丹很害怕，就请求荆轲说："秦军马上就要渡过易水，虽然我想长久地侍奉您，又怎么能够做得到呢？"荆轲说："即使太子不说，我也要请求行动，现在去却没有什么凭信之物，那就无法接近秦王。现在，秦王用一千斤金和一万户人口的封地作赏格来购取樊将军的头颅。如果能够得到樊将军的头颅和燕国督亢一带的地图献给秦王，秦王一定会高兴地召见我，我就有办法来报答太子了。"太子说："樊将军因为走投无路才来归附我，我不忍心因自己个人的私仇而伤害有德行的人的心意，希望您另外考虑对策吧！"

荆轲知道太子不忍心，于是私下去会见樊於期，说："秦国对待将军，可以说是刻毒透顶了。将军的父亲、母亲和同族的人都被杀死或没收入宫为奴。现在听说要用一千斤金和一万户人口的封地作赏格来购买将军的头颅，您将怎么办？"樊将军仰面朝天，长长地叹息，流着眼泪说："我每当想起这一点，常常恨入骨髓，只是想不出什么计策啊！"荆轲说："现在有一个建议，可以用来解除燕国的忧患，报将军的深仇大恨，怎么样？"樊於期上前问道："怎么办？"荆轲说："希望得到樊将军的头颅来献给秦国，秦王一定高兴而又友好地接见我。我左手抓住他的衣袖，用右手刺他的胸膛。这样，将军的仇报了，燕国被欺侮的耻辱也除掉了。将军是否有这个心意呢？"樊於期脱下一

中国历代开国皇帝

只衣袖，握住手腕，走近一步说："这是我日日夜夜为之咬牙切齿、捶胸痛恨的事，现在才能听闻到您的教诲！"于是自刎。

太子听说了这件事，赶着马车跑去，伏在樊於期的尸体上大哭，非常悲伤。事已至此，没有办法挽回了，于是就收拾安放樊於期的头颅，用匣子封好它。

太子预先寻求世上锋利的匕首，得到赵国徐夫人的匕首，用一百金把它买到，叫工匠用毒药水淬过它。用人做实验，血沾湿衣缕，没有一个不立刻死的。于是太子丹整理行装，派遣荆轲上路。燕国有个勇士秦武阳，十二岁的时候就杀过人，人们不敢同他对视，于是太子丹叫秦武阳做助手。

荆轲等待着一个人，想同他一起去。那个人住得很远，没有来，因而荆轲停下等候他。过了一阵还没动身，太子嫌荆轲走晚了，怀疑他有改变初衷和后悔的念头，就又请求他说："日子已经不多了，您难道没有动身的意思吗？请允许我先遣发秦武阳！"荆轲发怒，呵斥太子说："今天去了而不能好好回来复命的，那是没有用的小子！现在光拿着一把匕首进入不可意料的强暴的秦国，我之所以停留下来，是为了等待我的客人好同他一起走。现在太子嫌我走晚了，请允许我告别吧！"于是向秦国出发了。

太子和他的宾客中知道这件事的人，都穿着白衣、戴着白帽给他送行。到易水上，祭过路神，就要上路。高渐离敲着筑，荆轲和着节拍唱歌，发出变徵的声音，众宾客都流着眼泪小声地哭。荆轲又上前作歌唱道："风声萧萧悲鸣啊易水彻骨寒冷，壮士这一离去啊就永远不再回还！"又发出悲壮激昂的羽声，众宾客都瞪大了眼睛，头发都向上竖起顶住了帽子。于是荆轲上车离去，不曾回头看一眼。

到达秦国后，荆轲拿着价值千金的礼物，优厚地赠送给秦王的宠臣中庶子蒙嘉。蒙嘉替他事先向秦王进言，说："燕王确实非常惧怕大王的威势，不敢出兵来抗拒，愿意全国上下都做秦国的臣民，排在诸侯的行列里（意为：燕国愿意同别的诸侯一起尊秦王为天子）像秦国的郡县那样贡纳赋税，保存祖先留下的国土。他们诚惶诚恐，不敢自己来陈述，恭谨地砍下樊於期的头颅和献上燕国督亢一带的地图，用盒子封好，燕王在朝廷上行跪拜大礼送出来，派使者来禀告大王。一切听凭大王吩咐。"秦王听了蒙嘉的话，非常高兴。于是穿了上朝的礼服，安排了隆重的九宾大礼仪式，在咸阳宫接见燕国的使者。

　　荆轲捧着装了樊於期头颅的盒子，秦武阳捧着地图，按次序进宫，到达殿前的台阶下，秦武阳脸色都变了，十分害怕，秦国的群臣对此感到奇怪。荆轲回过头来对秦武阳笑了笑，上前替他向秦王谢罪说："北方蛮夷地区的粗鄙人，没有拜见过天子，所以害怕，希望大王见谅，让他在大王的面前完成他的使命。"秦王对荆轲说："起来，取来武阳所拿的地图！"

　　荆轲拿了地图捧送给秦王，打开地图。地图全部打开，匕首就露了出来。秦王大惊，绕着柱子跑，于是荆轲左手抓住秦王的衣袖，右手拿着匕首准备刺杀秦王。还没有刺到秦王的身上，秦王非常惊骇，挣断了袖子。秦王拔剑，剑很长，所以不能立即拔出来。荆轲追着秦王跑。秦国的群臣都惊呆了，事情突然发生，大家都失去了常态。并且按照秦国的法律，侍立在殿上的臣子们，不能带任何兵器；而那些宫廷侍卫虽然都握着武器，但都排列在宫殿的台阶下面，没有君王的命令不能上殿。当时情况危急，来不及召唤阶下的侍卫，所以荆轲追逐秦王，大家都惊惶失措，没有武器击杀荆轲，仅仅用空手同荆轲搏斗。

中国历代开国皇帝

这时，秦王的随从医官夏无且用他手里捧着的药袋投击荆轲。秦王还正在绕着柱子跑，胆战心惊，不知道怎么办。侍臣们就说："大王把剑背到背上！大王把剑背到背上！"于是，秦王把剑背到背上，这才能拔出剑来攻击荆轲，砍断了荆轲的左大腿。荆轲倒下了，试图举起匕首投击秦王，可惜只击中了柱子。秦王又砍击荆轲，荆轲被砍伤了八处。荆轲自己知道事情不能成功了，靠着柱子笑着，并大声骂道："事情之所以没有成功，是想活生生地劫持你，一定要得到约契来回报燕太子啊！"

秦王的侍臣上前，斩杀荆轲。事后很长一段时间，秦王还心有余悸。

汉高祖刘邦

汉高祖刘邦（前 256～前 195 年），字季，沛郡丰邑中阳里（今江苏丰县）人，出身于农家，排行第四，为人豁达大度。秦朝时曾担任泗水亭长，在秦末农民战争中登高一呼，天下英雄云集于麾下，称"沛公"。公元前 206 年被义军盟主项羽封为汉王，封地为汉中、巴蜀，因此他在战胜项羽后建国时，国号定为"汉"。他对汉民族的统一、中国的强大和汉文化的保护、发扬有决定性的贡献。公元前 202～公元前 195 年在位，庙号为太祖，谥号高皇帝，因司马迁在《史记》中称其为汉高祖，后世多沿用此。

初显英雄气概

刘邦生性豪爽，自幼不太喜欢读书，喜做大，好吹牛，但对人乐善好施。由于他不喜欢从事劳动，不如哥哥会经营，所以常被父亲训斥为"无赖"，但刘邦依然我行我素。三十岁时，做了泗水的亭长，因重感情、讲义气，在当地小有名气。

有一天，县里的官吏来拜贺吕公，当时萧何负责收受贺礼，他向来客宣布："凡贺礼不满一千钱，都坐在堂下。"刘邦也是贺客之一，他根本没带钱，却和萧何开玩笑说："我贺钱一万。"有人去告诉吕公，吕公听说后，急急忙忙地赶出来亲自迎接他。一见刘邦气宇轩昂，与众不同，非常喜欢，马上请其上席就座，交谈甚欢，非常投缘。酒后，吕公还盛情将他留下，并且提出将女儿嫁给刘邦为妻。这无疑是天上掉下来的馅饼，刘邦喜出望外，回家征得父母同意之后，不久便和吕氏结了婚。

一天，有一个过路的老人向吕氏要水喝，吕氏不仅满足了他的要求，还给路人饭吃。老人吃完了讨好地说她是一副贵人相。等老人走后，吕氏把刚才老人说的话告诉了刘邦，刘邦一听异常兴奋，他赶紧又追上了老人，让他也为自己看看面相。老人又讨好地说他的夫人和女儿是贵人相，而刘邦的面相更是贵不可言。

不久，秦始皇修骊山墓，动用了大批劳力，刘邦受命押送刑徒到骊山。在押送的路上，刑徒们陆续逃亡，刘邦很无奈。到丰邑县的大泽休息时，刘邦喝了些酒，就悄悄松开了刑徒们身上的绳子，让他们自己逃命去。刘邦的大义凛然让刑徒们十分佩服，他们都表示愿意跟随他。刘邦高兴地与大家畅饮一番后，率众穿过大泽乡，往芒砀山一带进发，积蓄力量，起兵造反。

传说，在刘邦带领大家逃亡的途中，前面负责开路的人回来告诉他前边有一条大蛇拦路，没法通行。刘邦训斥说："我们这些勇士行路，没什么好害怕的！"他扒开众人，立即走上前去，果然有一条蛇横在路中间，他拔出宝剑将蛇拦腰斩断后，继续前行。突然听到一个老妇人在路边大哭，说："我的儿子是白帝的儿子，刚才变成蛇，却在路边被赤帝的儿子杀了，所以才如此难过。"一说完忽然就不见了。刘邦听后，心中暗喜，以后便常常借此来提高自己的威信和地位。

此后，刘邦开始了与刑徒逃亡的生活，但每次吕氏都能找到他。刘邦觉得很奇怪，问她原因，吕氏说："你藏身的地方，天空上经常有五彩祥云，所以我很快就能找到。"刘邦异常兴奋，经常把吕氏的话在民众中悄悄宣传。借助这些传说，刘邦在当时的威信不断提高，跟随他的人也就多了起来，他被当地人称为沛中豪杰。

秦朝的残暴统治已经走到了尽头。公元前209年，秦末农民起义爆发，陈胜、吴广在大泽乡发动起义，起义军攻占了陈县以后，陈胜建立了"张楚"政权，和秦朝公开对立。很多百姓都把县令杀了投靠陈胜。沛县的县令害怕了，就想主动投诚。萧何、曹参担心县衙里其他人不同意，就建议县令到社会上召集几百人挟持其他官员。县令觉得有理，就让刘邦的妹夫樊哙去把刘邦找回来，刘邦带领几百人马赶回了沛县。但是县令又后悔了，害怕刘邦回来后危及自己在沛县的地位，弄不好还会丢了性命。所以，他命令将城门关闭，还准备捉拿推荐刘邦的萧何和曹参。萧何和曹参闻讯赶忙逃到了城外。面对这种局面，刘邦将信射进城中，鼓动城中的百姓起来杀掉出尔反尔的县令，大家一起捍卫自己的家乡。因为众多百姓对平时就不太体恤他们的县令非常不满，于是，杀了县令后开城门迎进刘邦，又推举他为"沛公"。刘邦顺从民意，设祭坛，自称赤帝的儿子，领导民众举起了反秦大旗。

楚汉之争

刘邦占领沛县后，陈胜、吴广相继败亡，其他起义军也隐居山林。而刘邦却迎难而上，继续招兵买马，壮大力量。就在刘邦决定逐步扩大自己的势力范围时，丰邑的吕任和薛县的萧壮起兵叛变，刘邦决定派兵围剿，由樊哙和夏侯婴平定薛县，卢绾和周勃围剿丰邑。

平定叛乱后，萧何提议应该尽快收纳人才，并推荐了丰邑的雍齿和薛县的灌婴。刘邦前往丰邑和薛县找到二人后返回县衙，让雍齿镇守丰邑，这引起了众人的不满，尤其是薛县的王文竟起兵叛乱，刘邦决定亲自去平叛。在攻打薛县的战役中，又有人来报，丰邑的雍齿在周福的帮助下起兵叛乱，攻占了沛县和丰邑，而留县也被景驹所占，此时军心不稳，士气大落，刘邦还是咬紧牙关拿下了薛县。转战中，刘邦还得到了张良这一难得的人才。

　　面对各地叛乱不断的危急形势，刘邦第一次以决策者的身份面对人生的一次考验。也就是从这时开始，刘邦显现出了其过人的智慧和能屈能伸的精神。

　　一天，占据留县的景驹遭到项梁军队的攻击，请求刘邦援助。留县失守之后，项梁派项伯来商量结盟的事宜，由于实力相差悬殊，刘邦毫不迟疑地选择了结盟，跟随项伯来到彭城见项梁，商讨反秦大计。此后，刘邦正式加入了反秦的行列。

　　为了伐秦大业名正言顺，各路诸侯纷纷扶立被秦所灭的六国后代，项梁也决定去找楚王的后代，这件任务就交给了刘邦。于是，刘邦从沛县向北，先后攻下薛县、亢父和东阿城。在东阿城收了陆贾，并打听到楚王确有后代。他出东阿城往东，在昌陵洞附近，向牧童打听到最近有人进了昌陵洞，进入洞中找到了楚王后代熊心，返回沛县交差。

　　楚军顺利向西进发，先后攻占城阳和定陶后，项梁显得骄傲自满起来。别人进谏，他根本听不进去。秦朝给章邯增派了军队，趁着黑夜袭击项梁军队，结果大败项梁军队，而项梁在交战中牺牲。当时刘邦正准备向安阳进发，突然传来这个消息，他和项羽只好撤兵，刘邦率领人马先到单父村休整。项羽先一步返回彭城接替了项梁的位置。而在丰邑的刘邦正准备向彭城出发时，收到萧县、留县又发生了叛乱的消息，刘邦重新收复两城后，返回彭城。

　　楚怀王封宋义为全军司令、刘邦为武安侯、项羽为鲁公，兵权

青少年必看的

回眸历史书系

被剥夺的项羽十分不满。这时赵王派使者前来求救，原来章邯大军已攻克邯郸，巨鹿也危在旦夕。楚怀王命刘邦为西征军司令，让宋义率领大军北上解赵国之围，并同时宣布：先攻下咸阳者为关中王。此时的刘邦虽然实力还不算大，但他的能力已渐渐显露出来。

武安侯刘邦率领大军连续攻克栗县、陈郡、外黄和睢阳，并收了纪信。刘邦来到高阳村，见到当地名士郦食其，说服他加入了自己的大军。郦食其随即赶往陈留县，说服县令辞官回家，不费一兵一卒拿下了陈留。刘邦一鼓作气又进攻了开封。

而此时，鲁公项羽杀了总指挥宋义，自己取而代之了。刘邦和项羽的较量从此拉开了帷幕。

刘邦向中原重镇洛阳进军，谋臣张良提出了进军咸阳的两条路线：走函谷关或武关。刘邦决定先拿下洛阳再进攻函谷关，经过一系列战役，拿下了阳翟、胡阳、荥阳等洛阳周围的城镇，夺下洛阳桥，最后攻克洛阳。经过休整后，刘邦率军再下新安、郿县，最后攻克函谷关。

不久，起义军商讨下一步作战计划，决定趁秦军主力军还在河北，关中空虚之机，派一支部队进军关中，直捣咸阳。楚怀王嫌项羽剽悍残暴，派他率主力军北上救援河北，派遣刘邦进攻关中。由于项羽在巨鹿以破釜沉舟之势大破秦军主力，所以刘邦一路上都未遇到强劲的抵抗，顺利攻破关中，秦王子婴见大势已去，便捧着玉玺投降，秦朝的统治就此结束。

公元前207年十月，刘邦的军队浩浩荡荡开进了咸阳，不少将领沉浸在胜利的喜悦之中，忙着分取胜利品。统帅刘邦看到数不尽的珍宝奇物和上千美女佳丽，也不禁迷恋起来，就想在宫里住下来。张良指出秦国正是因为秦二世荒淫无道，才会灭亡。刘邦顿时醒悟过来，立即下令封闭秦宫和府库，率军出了咸阳城，驻扎到灞上。

同时，刘邦还做了几件深得民心的大事：第一件事情是不杀子婴。子婴投降以后就成了他的俘虏，手下的将领都说要把他杀了，留他干什么？刘邦说，不杀他才能让更多的秦朝将领敢于投降，乐于投靠在我们这一边。第二件事是与百姓约法三章。刘邦把秦国的百姓召集起来说，大家受秦王朝残暴统治已经太久了。我知道秦代的统治是靠严酷的法律，这让咱老百姓太苦了，今天我刘邦与百姓约法三章，即"杀人者死，伤人及盗抵罪"。第三件事更是大快人心，他决定自己的军队不受犒赏。"约法三章"以后，秦国的老百姓非常高兴，于是送来牛、羊、猪、酒慰问大军。而刘邦全都拒绝了，并命令将领不能接受老百姓的东西。秦的百姓自然都希望有这样的人领导，都希望刘邦留下来做秦王，就怕刘邦不肯。刘邦此时是大得人心。

另一方面，项羽把北边的战局也平定下来，带着自己的军队浩浩荡荡地正往关中地区进发，马上就要开到函谷关。此时，刘邦却听信一个谋士的建议，命军队把守函谷关。项羽正志得意满，哪能受此等待遇，立刻下令攻打函谷关。刘邦的军队兵力不足，很快败下阵来，项羽的军队开到了鸿门，此时的形势非常不利于刘邦。

正在危难之际，刘邦队伍内部出了叛徒左司马曹无伤。他跑去报告项羽，说刘邦本来就是个酒色之徒，如今却对金银财宝一点兴趣都没有，恐怕野心不小。项羽一听，勃然大怒，马上下令说："明天早上我们要灭掉刘邦。"项羽口出狂言，当然有其可傲之处。项羽当时兵力四十万，号称一百万，刘邦的兵力十万，号称二十万，此刻的刘邦根本就不是项羽的对手。

项羽的叔叔项伯和张良是好朋友，他知道张良现在在刘邦的军队里，明天大军出发，张良很可能会死于战争。所以他连夜从鸿门到灞上，去给张良通风报信。张良听到这个消息后，又报告给了刘邦。经过商议，刘邦决定委曲求全，并参加了项羽、范增等人主导的"鸿门宴"。在宴会上，刘邦表现得谦虚谨慎，让项羽十分满意，几乎忘了与范增商议的屠杀刘邦的计划。尽管后来项庄舞剑企图杀害刘邦，但最后因大将樊哙带剑执盾闯入解围，刘邦才趁机脱险。

双方表面和解以后，刘邦让出了咸阳，项羽领兵进城。项羽表面上尊楚怀王为义帝，实际将其发配到了江南，自己则自立为西楚霸王，定都彭城，同时分封十八诸侯，封刘邦为汉王，并故意封秦降将章邯、司马欣、董翳为雍王、塞王、翟王，以扼制刘邦。刘邦只能忍气吞声接受封号，四月领兵入汉中，并烧毁栈道，表示再无意出兵，以麻痹项羽。项羽也率军东归。五六月，齐国贵族后裔田荣不满分封，赶走齐王，杀胶东王，自立为齐王。刘邦便乘乱重返关中，击败章邯，迫降司马欣、董翳，并用计欺骗项羽，使其相信自己取得关中后已心满意足，不会再东进了。项羽一心一意攻打田荣，而对西边未加任何防范。十月，刘邦挥军东出，拜韩信为大将，明修栈道，暗度陈仓，借为义帝发丧之名，派人联络诸侯，公开声讨项羽，正式拉开了楚汉战争的序幕。

公元前 205 年四月，刘邦乘项羽在齐国停留的机会，率领诸侯军一举攻占彭城。项羽闻之，急率精兵三万奔袭，歼诸侯联军二十余万，刘邦仅率数十骑逃脱，反楚联盟瓦解。

同年五月，刘邦到达荥阳，击败项羽追兵，得以喘息，稳住了阵脚，遂重整军队，依托关中基地和有利地势与项羽长期抗衡。六月，刘邦派兵攻废丘，迫章邯自杀，解除了后顾之忧；又派人说服英布反楚，联络彭越扰楚后方；同时派韩信开辟北方战场，攻魏俘魏王豹，破代，灭赵杀陈余。

公元前 205 年冬，项羽发动反攻，却被楚军围困于荥阳，形势十分危急。刘邦用陈平反间计，使项羽怀疑范增，不用其谋，迫使范增怒而归乡。刘邦又派纪信装扮成自己去楚军诈降，乘机逃出荥阳。项羽加紧围攻荥阳，并夺取成皋。

为了减轻楚军对荥阳的压力，刘邦率军经武关、宛、叶，引诱项羽南下。为配合汉军行动，此时韩信也率军到达黄河北岸，声援荥阳。彭越正在进攻下邳。项羽被迫率军回救，刘邦乘机收复成皋。六月，项羽以凌厉攻势拔荥阳，再夺成皋。

刘邦一面命汉军在巩县一带坚守，阻击楚军前进，一面命韩信组建新军击齐，派人入楚腹地协助彭越进攻睢阳、外黄等地，再次迫使项羽回救。公元前204年十月，刘邦用计再次收复成皋。

项羽在击败彭越后，寻汉军主力决战不成，屯兵广武与刘邦形成对峙。不久，韩信在潍水之战中歼灭齐楚联军，完成对楚侧翼的战略迂回，又派灌婴率军一部直奔彭城。项羽腹背受敌，兵疲粮尽，遂与汉订盟，以鸿沟为界，中分天下，东归楚，西归汉。九月，项羽引兵东归。

楚、汉订盟后，刘邦本想退兵，在张良、陈平提醒下，下令全力追击楚军。公元前203年十月，两军战于固陵，项羽小胜。刘邦以封赏笼络韩信、彭越、英布等，垓下一战重创楚军，逼项羽自刎于乌江，结束了为期四年的楚汉之争。

建立西汉，巩固政权

公元前202年正月，刘邦按照与韩信、彭越的约定，立韩信为楚王，彭越为梁王。受封的韩信和彭越联合原来的燕王臧荼、赵王张敖以及长沙王吴芮共同上书刘邦，请他即位称帝。刘邦开始假意推辞，韩信说："虽然大王出身不富裕，但能率领众人扫灭暴秦，诛杀不义，安定天下，功劳超过诸王，您称帝是众望所归。"刘邦顺水推舟地说："既然大家一致要求我当皇帝，那就按你们说的办吧。"

二月，刘邦在山东定陶汜水之阳举行登基大典，定国号为汉，历史上称为"西汉"。同时，封夫人吕氏为皇后，儿子刘盈为太子，定都洛阳。

同年五月，刘邦在洛阳的南宫开庆功宴。宴席上，他有说有笑，与众人分析楚汉战争双方胜败的经验教训。高起和王陵说："陛下之所以能战胜项羽，是因为陛下能与大家同甘苦、共患难，而项羽却自私自利。"刘邦认为他们说得有道理，但没有说到最重要之处。他总结了自己取胜的原因："论运筹帷幄之中，决胜于千里之外，我不如张良；论抚慰百姓、供应粮草，我又不如萧何；论领兵百万，决战沙场，百战百胜，我不如韩信。可是，我能做到知人善用，发挥他们的才干，这才是我们取胜的真正原因。至于项羽，他只有范增一个人可用，但又对范增存有猜疑，这是他最终失败的原因。"刘邦的总结非常准确，人才是战争胜败的决定性因素。

● 汉承秦制

刘邦当了皇帝之后，吸取秦朝灭亡的教训。他命士人陆贾总结包括秦朝在内的历代兴亡的经验教训，供他借鉴。陆贾认为：秦始皇并不是不想把国家治理好，而是制定的措施太残暴，用刑太残酷，所以秦国就灭亡了。陛下得了天下，要使国家长治久安，就应文武并用，这才是"长久之术"。刘邦对此非常赞同。刘邦认为，秦王朝的灭亡还有一个重要因素，那就是秦始皇采取的政策太苛刻、太急切，特别是在取消"分封制"的问题上，分封制已有近千年的影响，若要废除，老百姓不能立即接受，对立情绪太大。刘邦认为实行分封制，对消除对立情绪、稳定群臣名将，依然是一个重要的手段。同时，刘邦也并不希望再出现诸侯割据、群雄争霸的分割局面，而秦始皇所创立的郡县制，确是克服这一弊端的有效措施，因此，刘邦采取了郡县制与分封制并行的办法，人们称之为"郡国并行制"。

吸取了秦亡的经验教训之后，汉朝继承了秦朝大部分的制度。刘邦采取清静无为的黄老思想为治国的指导思想，这种思想体现在经济方面就是减轻百姓赋税。

汉朝的政治制度基本上也是秦朝的延续，中央是三公九卿，地方是郡县制。不过，在汉朝的乡一级地方机构中和秦朝有一点不同，即在各乡的三老中，又选出一个作为县的三老，负责和县级的官吏联系，沟通上下的关系。

此外，汉朝还实行了封国制，即分封诸侯王到地方建立诸侯国和王国。最初，分封的是异姓王，如韩信等人，主要是为了团结众将，取得战争的胜利。汉初，先是分封了七个异姓王，后来除了长沙王吴芮，其余都被陆续消灭。但在削平异姓王的过程中，高祖又分封了九个同姓王，他们都是高祖的子侄兄弟。汉高祖规定：诸侯王国的政治地位等同于郡，中央政府派相国辅佐各诸侯王，相国是中央的官吏，其职责是不准各诸侯王勾结对抗中央，否则就要以"阿党附益"的重罪处罚。同时，还分封侯国，其地位和县等同，主要是封给建国功臣们。这样，诸侯国和郡县并立，因王国和诸侯国有自己独立的司法审判权，造成后来的地方政治机制混乱不堪。

● **轻徭薄赋**

刘邦即位之初，由于秦王朝严重的赋税、暴政，加上三年农民起义和五年楚汉战争，给社会带来了严重的创伤。人口散亡，经济凋敝，物价上涨，民不聊生。连刘邦乘坐的马车，也配不齐四匹颜色一样的马，将相们只能坐着牛车上朝，整个社会呈现出一片残破凄凉的景象。

大臣陆贾曾对刘邦说："过去骑马打天下，现在不能骑马治天下了，只有用文和武两手，才能得到长治久安。我认为对农民应该采取宽松的政策，让大家有时间从事农业生产。"因此，刘邦采用了

"重农抑商"的经济政策。

为了尽快解决劳动力不足的问题，刘邦采取了一系列的有效措施：兵卒复员，"兵皆罢归家"进行农业生产，以充实农村劳动力；招还流散人口；释放奴婢，奴婢们获得自由后，可以参加个体生产劳动，大大提高了积极性；把死刑以外的犯人统统释放，回乡参加农业生产劳动；为了刺激人口增长，刘邦从长计议，鼓励人民多生多育。这些措施对恢复残破的社会经济和稳定封建统治秩序起了重大的作用。

要发展农业经济，除了劳动力，还必须有土地，因此刘邦大规模地调整了土地政策，实行土地私有制，除了给流回乡的流民、"诸侯子弟及从军归者"分配土地之外，还规定：凡有军功、爵位的人，也要分到相当的土地，"有功劳，行田宅"。大小官吏及有军功的人，很快成了军功地主。土地的多少，与分土地者的爵位高低是密切相关的。汉高祖二年，刘邦就在自己管辖的地区之内，普遍"赐民爵"一级，使一般人民的社会身份普遍提高了一级。汉高祖五年，刘邦又规定给那些逃亡回乡的原先有爵位的人，一律"复故爵"。军吏士卒因犯了罪而被赦免的，或者无罪而失去爵位的，以及爵位不到大夫一级的，一律赐给大夫的爵位。原来就有大夫爵位以上的，再另增一级爵位。爵位成了社会身份的标志。许多人社会地位高了，分得土地多了，劳动生产的积极性也相应地提高了。

为了使人民有时间、有条件进行休养生息，发展生产，刘邦采取了许多轻徭薄赋的政策。早在楚汉战争期间，刘邦就规定：关中从军者免除其全家徭役一年。他称帝之后，又规定：诸侯子弟留在关中的，免除徭役十二年，回原籍的免除六年，军吏士卒爵位在六级以上的，免除本人和全家的徭役。后又规定：吏卒从军到达平城以及守卫城邑的，都免除终身徭役。汉高祖十一年规定：士卒随从进入蜀、汉、关中的，都免除终身徭役。汉高十二年规定：二千石官吏进入蜀、汉、关中的，世世代代免除徭役。

薄收赋税是刘邦采取的又一种措施。他让中央财政有关官吏，根据政府的各项开支，制定征收赋税的总额，并且额度不能超过人民群众的承受能力。此外，对那些遇到天灾歉收或遭受战乱破坏比较严重的地方，刘邦还临时豁免租税。这种轻徭薄赋制度，在汉初大大减轻了人民的负担，使社会经济得到了恢复和发展。

由于以上措施和政策的施行，汉初的农业生产大大发展，经济很快得到了恢复。到惠帝、吕后统治时期，已经是"衣食滋殖"。到文帝、景帝时，更出现了"文景之治"的繁荣景象。

●巩固政权

总结自己成功的经验，刘邦越发不能对皇位掉以轻心。他首先不放心的就是各地的异姓王。这些异姓王手里都有兵将，有的与刘邦不是一条心。其次就是其他将领，他们为功劳大小和赏赐的多少争斗不休，如果安抚不当，就会投奔异姓王一起作乱。最后，对原先六国的后代也不能掉以轻心。在中央，丞相的权力对他这个皇帝也构成了威胁。因此刘邦为了巩固自己的政权，准备杀掉对自己不利的人物。

刘邦最先动手的对象是韩信。公元前 201 年，朝中有人告发韩信谋反。刘邦当时半信半疑，他问诸将如何是好，诸将说："赶快发兵杀了他。"陈平却认为，楚国兵精，韩信又善于用兵，如果发兵，无异于自己挑起战端，不如假装巡游云梦，通知各个异姓王到陈县会面，韩信必定也会前来谒见，到那时，就可以轻而易举地把他抓起来。高祖按计实行。韩信一到陈县，立即被高祖逮捕。韩信大喊冤枉，他感慨道："果然像人们说的那样：'狡兔死，走狗烹；飞鸟尽，良弓藏；敌国破，谋臣亡'。天下已经安定，将领已经没用了，本来就该给烹了。"高祖见状便说："有人告你谋反。"说完就命令随从把韩信捆绑起来，押上囚车。可到了洛阳，因查无实据，高祖又赦免了韩信，将其降为淮阴侯。经过这件事，韩信对刘邦的戒备心更强了。

公元前200年，韩信密谋让刘侯陈豨在外地起兵造反，让高祖亲自率兵平叛，自己则在都城发兵袭击吕后和太子。不料被人告密，吕后采用萧何的计策，把他骗入宫中逮捕，然后将其斩首。

刘邦的同乡燕王卢绾，自刘邦浪迹沛县之时，就与刘邦结为患难与共的朋友。卢绾一直是刘邦的亲信和心腹，但最后也被刘邦逼得逃亡匈奴，罪名也是有谋反企图。

赵王张耳本是刘邦的女婿，也因涉嫌谋反被废除王位，贬为宣平侯。

韩信被杀不到三个月，刘邦灭了陈豨，回到洛阳，又有彭越的手下人告发彭越谋反。刘邦听到这个消息，派人把彭越逮住，关进了监狱。后来因为没有查到彭越谋反的真凭实据，就把他贬为平民，遣送到蜀中。彭越在去蜀中的路上，苦苦央告吕后在刘邦面前替他说句好话，让他回自己的老家。吕后一口答应，她把彭越带回洛阳。吕后对刘邦说："彭越是个壮士，把他送到蜀中，这不是放虎归山，自找麻烦吗？"于是，刘邦杀了彭越，并将他的尸体剁成肉酱，再派人分赐给各位诸侯和功臣品尝，以示威胁与警告。功臣们因此更加胆战心惊。

彭越事件后，淮南王英布自知不能幸免，被迫起兵反叛。他鼓舞部下说："皇上已经老了，一定不能亲自来。大将中只有韩信、彭越最有能耐，但他们都已经死了，别的将军不是我的对手，没什么可怕的。"

英布一出兵，果然连打了几个胜仗，把荆楚一带的土地都占领了。刘邦只好亲自发兵去对敌。

刘邦在阵前骂英布说："我已经封你为王，你何苦造反？"

英布直言不讳地说："想做皇帝啰！"

刘邦大怒，指挥大军猛击英布。英布手下兵士弓箭齐发，汉高祖当胸中了一箭，幸亏箭伤不太重，忍住伤痛，继续进攻。英布大败逃走，在半路上被人杀害。

这样，在汉朝建立的短短七年内，刘邦就利用各种借口，相继将除偏守南方而又势力弱小的长沙王吴芮以外的所有异姓诸侯王铲除。

从客观上讲，刘邦消灭异姓诸侯王的政策，在当时的条件下，对巩固新生的政权、维护中国的大一统无疑起了积极的作用。

汉高祖在消灭异姓王的同时，也不忘妥当地解决安置中小将领的问题。公元前201年，他分封萧何等大功臣二十多人后，由于中小将领很多人都争功不绝，暂时没有行封。有一次，高祖在洛阳南宫望见很多将领坐在沙地上窃窃私语，就问张良："他们都在议论什么呢？"张良说："陛下，他们是在谋反。"高祖百思不得其解地说："天下已经安定，为什么还要谋反？"张良解释说："他们是怕你不能尽封，还怕你记仇杀掉他们。"高祖问怎么办，张良则问他平生最恨而又人所共知的人是谁。高祖便说是雍齿，并说曾想把他杀掉，但是他功劳大。张良就说："现在应赶快封雍齿为侯，大家看到雍齿都能先受封，自然人人安心，不会忧虑了。"不久，高祖大摆宴席，封雍齿为什方侯，并催促丞相、御史赶快"定功行封"。这一招果然很灵验，酒后众多将领高兴地说："雍齿还能封侯，我们肯定也都能封侯了。"这样，众将领才稍安定。

同样，汉高祖也没有忘记消除六国的残余贵族。公元前198年，刘邦接受娄敬的建议，并命令娄敬把六国的残余贵族和各地的一些名门豪族十几万人都迁到了关中。表面上对他们的恩宠关怀，实际上是便于高祖控制他们，也使他们丧失了当地的社会基础。

为了更加稳固统治，高祖还极力强化皇权。

一是尊父亲为太上皇。高祖为了表示孝顺，每隔五天就去拜见一次太公。太公习以为常，可是他的属官却认为这不符合礼法，就对太公说："天无二日，地无二王。皇帝虽然是您的儿子，但是他的地位在万人之上；虽然您是他父亲，可事实改变不了你是臣子。怎么能让皇帝拜见臣子呢？这样，皇帝的威信都没有了。"于是高祖再来拜见太公时，太公就手持扫帚出门迎着退行，不再让高祖拜见。高祖看到大惊，赶快下车去扶着父亲。太公说："你是皇帝，怎么能为我乱了天下礼法！"高祖知道是太公的属官所劝后，对属官能够明白自己的心意很欣赏，就赐给他们黄金五百两，然后下诏尊太公为太上皇。以后，他既可以名正言顺地拜见太上皇，又能借机宣扬皇帝的至高无上。

二是对季布、丁公的不同处理。季布和丁公两人是异父同母的兄弟。楚汉战争时，他们都是项羽手下的大将。季布曾率兵几次把高祖打得很狼狈，一点不留情。丁公也曾率兵追击过高祖，但最后还是把他放走了。高祖称帝后，想起季布给自己的难堪，就下令捉拿季布。但他考虑到自己正需要忠臣来巩固统治，于是就改变初衷，抓住后又下令赦免季布，并拜季布为郎中。丁公听说季布都能赦免拜官，想到自己曾对高祖有恩，如果去见高祖肯定更会受到重赏，于是他就去谒见高祖。但他万万没有想到，高祖却把他抓了起来，对群臣说："丁公作为项王的臣子不忠，以致项王失去了天下。"接着就把他杀了，在军中示威，并对群臣说："请诸位都不要像丁公那样！"

除了引导、整肃，刘邦也采取铁腕手段打击权臣，巩固皇权。

刘邦感到相权太重，对皇权已构成威胁。公元前195年，萧何代表老百姓向刘邦建议说："长安地方狭小，而上林苑中空地很多，已经废弃。希望陛下能下令允许百姓进去耕作，不要把它变成了养兽的场所。"刘邦听了大怒，认为对萧何下手的机会来了，他说萧何是受了商贾的贿赂，才来为他们请求开放上林苑的，因此不顾多年交情，下令把萧何逮捕，关进监狱。过了几天有人问他相国犯了什么大罪。刘邦解释说："我听说李斯做秦始皇的相国，有功都归于秦始皇，有坏事都算在自己头上，现在相国不仅接受商贾的贿赂，还请求开放我的上林苑，讨好百姓，所以我把他关进监狱治罪。"通过整治萧何，刘邦打击了相权，进一步提高了皇帝的权威。

为巩固政权，刘邦采取了非常手段，或安抚、或剿杀，先后用了八年的时间，排除了身边及王室的威胁，为大汉江山的稳固做出了重大的贡献。

■ 相关链接

明修栈道，暗度陈仓

秦朝刚被推翻，项羽、刘邦以及其他参加反秦战争的各路将领，齐集商议胜利以后怎样割据国土。当时势力最强的项羽企图独霸天下，他表面上主张分地封王、分配领地，心里却已开始盘算，将来怎样一个个地消灭他们。

项羽对一般将领都没有什么顾忌，唯独对刘邦很不放心，他知道刘邦是最难对付的。早些时候，他们曾经约定：谁先攻下秦都咸阳（今陕西西安附近），谁就在关中为王。结果，首先进入咸阳的偏偏就是刘邦。关中（今陕西一带）是秦的本土，由于秦的大力经营，关中不但物产丰富，而且军事工程也有强固的基础。项羽不愿意让刘邦当"关中王"，也不愿意他回到家乡（今江苏沛县）去，就故意把巴、蜀（今都在四川）和汉中（在今陕西西南山区）三个郡分给刘邦，封为汉王，以汉中的南郑为都城，想这样把刘邦关进偏僻的山里去。再把关中划作三部分，分给秦朝的降将章邯、司马欣和董翳，以便阻挡刘邦向东发展。项羽自封为西楚霸王，封地九郡，占领长江中下游和淮河流域一带广大肥沃之地，以彭城（今江苏徐州）为都城。

刘邦的确也有独霸天下的野心，当然很不服气，其他将领对于自己所分得的更小的地盘也都不满。只是慑于项羽的威势，大家都不敢违抗，听从支配，各就各位去了。刘邦也不得不暂时领兵西去，开往南郑，并且接受张良的计策，把一路走过的几百里栈道全部烧毁。栈道，是在险峻的悬崖上用木材架设的通道。烧毁栈道的目的是为了便于防御，而更重要的是为了迷惑项羽，使他以为刘邦真的不打算出来了，从而松懈对刘邦的戒备。

刘邦到了南郑，发现部下中有一位才能出众的军事家——韩信。于是，刘邦拜韩信为大将，请他策划向东发展、夺取天下的军事部署。

韩信计划的第一步是先夺取关中，打开东进的大门，建立兴汉灭楚的根据地。于是派出几百名官兵去修复栈道。这时，守着关中西部的章邯听到了这个消息，不禁笑道："谁叫你们把栈道烧毁的？你们自己断绝了出路，现在又来修复，这么大的工程，只派几百个士兵，看你们哪年哪月才得完成。"因此，章邯对于刘邦和韩信的这一行动，根本没有引起重视。

可是，不久章邯就接到紧急报告，说刘邦的大军已攻入关中，陈仓（在今陕西宝鸡市东）被占，守将被杀。章邯起初还不相信，以为是谣言，等到证实的时候，已经来不及了。章邯被逼自杀，驻守关中东部的司马欣和北部的董翳也相继投降。就这样，号称三秦的关中地区一下子被刘邦全部占领了。

原来韩信表面上派兵修复栈道，装作要从栈道出击的姿态，实际上却和刘邦统率主力部队暗中抄小路袭击陈仓，趁章邯不备取得了胜利。这就叫做"明修栈道，暗度陈仓"。

由于这个历史故事，后来形容瞒着人偷偷摸摸地活动，并达到了目的，就叫"暗度陈仓"或者"陈仓暗度"。

韩信这个计策，当初张良建议烧毁栈道的时候就曾向刘邦说过。刘邦见他们两人先后所定的计策竟然完全一样，高兴地说："英雄所见，毕竟略同！"由此，后来又形成了成语"英雄所见略同"或"所见略同"。

汉光武帝刘秀

刘秀（前6～57年），东汉王朝开国皇帝。新朝末年，天下大乱。刘秀与兄乘势起兵，在昆阳之战中大破新莽四十二万大军，新莽政权立时崩塌。公元25年，刘秀与绿林军公开决裂，在河北鄗城登基称帝，他所建立的这个新的王朝仍然沿用了其祖先刘邦的国号——"汉"，故史称刘秀所建立的汉朝为"东汉"。刘秀称帝后，又经过了长达十二年之久的统一战争，终于削平各个割据势力，统一了中国。光武帝刘秀偃武修文，实施度田，释放奴婢，社会经济得到了快速的发展。东汉历经光武帝、明帝、章帝三代的励精图治，国势达到了顶峰，后世称之为"光武明章之治"。

昆阳大捷

新朝末年，全国上下一片混乱，反对王莽政权的起义无处不在。公元17年，以铜马、绿林、赤眉为代表的农民起义在全国爆发。同时，部分地主阶级、豪强列霸也乘机聚兵起事，攻城略地，大闹天下，全国处于一片互相残杀的混乱之中。

面对国破家亡、互相残杀的现状，全国人民无不日夜思念给他们带来幸福的汉高祖刘邦。就在这时，南阳大地主刘𬙇、刘秀兄弟打出"复高祖之业"的旗帜，组织了一支七八千人的舂陵军举兵反莽。

刘秀是汉高祖刘邦的后代，自幼丧父，孤儿寡母在叔叔的照顾下生活，直到长大成人。年轻时的刘秀，身材高大，一表人才。他为人诚实、处世谨慎，性情温和善良。他在绿林、赤眉等农民起义的基础上，依靠地主阶级的"功臣"、"良将"们抗击群雄。

各地的起义军迅速发展到十余万人，将领们都主张拥立一个刘姓的皇帝，以此统一号令，顺应人心。他们认为刘玄懦弱无能，比较容易掌控，因而于公元23年在宛城南面的清水拥立刘玄为皇帝。刘玄是舂陵侯刘仁的曾孙，在平林军中，号称更始将军，被拥立为皇帝后，改元为更始元年，并封了一大批官，封刘縯为大司徒，封刘秀为太常偏将军。

南阳一带的起义军发展迅速，严重威胁着王莽政权，因此王莽集结了四十三万人马，号称百万，命司空王邑与司徒王寻讨伐起义军。公元17年六月，王莽军队首先与刘秀相遇，刘秀的将领见敌多势盛，不敢作战，都跑回昆阳（今河南叶县）城中。他们怀念家人，都想各自回本土自保。刘秀向将领们分析了当前形势，严厉地说："我们的粮草不多，敌强我弱。若我们齐心协力抗击敌人，还有战胜的希望；若我们人心涣散，必然被消灭。我们现在要把宛城攻下，这样我们才会得到后方的援助。现在怎么能离心背德，只想看守自己的妻子和财物呢？"将领们受不了这些话，纷纷怒喝道："刘将军怎么敢如此讲话？"恰好这时传来消息——王邑、王寻的大军已到城北，队列绵延几百里。虽然将领们平常不看重刘秀，但如今事情紧急，又想不出办法，只好勉强地说："还是再请刘将军拿主意吧！"刘秀就向大家讲了他的主张和具体要求，结果将领们一致同意。

当时王莽军队十余万人围困昆阳，昆阳城中只有八九千人，刘秀要王凤、王常守城，自己和李轶等十三人骑马乘夜闯出城南门，召集在外的军队。刘秀到郾县、定陵一带，集合那里的全部军队救援昆阳。将领们舍不得财物，要求留一部分兵力看守。刘秀说："现在要是打败敌人，我们就会得到更多的财物，甚至可以夺得天下，要是被敌人打败了，脑袋都保不住，要财物还有什么用？"于是刘秀把全部军队都带到了昆阳，并亲自率领步兵、骑兵千余人当先锋。这时，昆阳城被围得铁桶一般。刘秀到离敌军四五里外停下来，敌军数千人迎战。刘秀率军冲杀一阵，杀敌十来人，首战小胜，士气稍振。将领们高兴地说："刘将军平时见了小敌就害怕，如今见了大敌却如此勇敢，真是奇怪。有你在，我们一定会打败敌方。"刘秀继续前进，杀敌近千人，敌军败退，刘军士气大振。刘秀紧接着率领三千敢死队，从城西直冲敌军的中军地带。王邑、王寻十分轻敌，下令军队各守营地，不得移动，只率领万余人迎敌，结果大败，落荒而逃。

昆阳大捷是历史上著名的以少胜多的战役之一。它鼓动了各地人民纷纷起来相应汉军，刘秀等人的威望空前提高，同时也敲响了王莽政权的丧钟。王莽坐立不安，忧愤不食。海内豪杰蜂拥而起，杀掉州郡官吏自称将军，接受更始帝年号，等待诏命。就连王莽的一些心腹也策划杀掉王莽投降汉朝，保全宗族。正当这时，新市、平林起义军的将领们看到刘縯、刘秀兄弟的威名日益扩大，心中不安，劝刘玄除掉他们，甚至连本来与刘縯兄弟关系密切的李轶也转而谄事新贵。而刘縯手下的人对刘玄当皇帝一事本来一开始就不服，有人说："本来起兵图大事的是伯升（刘縯字伯升）兄弟，现在的皇帝是干什么的？"公开拒绝刘玄的任命。于是，刘玄以刘縯部将刘稷拒封抗威将军为借口，把刘稷和为他说情的刘縯杀掉了。对此，刘秀深感不安，赶紧跑到宛城请罪。刘縯部下去迎接他，慰问他，他只是在公开场合下寒暄几句，表示过错在自己，并不与这些人私下交流，不讲昆阳的战功，不为哥哥服丧，饮食言笑与平常一样，若无其事。刘玄见刘秀没有反对他的意思，感到有些惭愧，就拜刘秀为破虏大将军，封武信侯。而刘秀每当独居，总是不喝酒、不吃肉，以此寄托哀思。

公元23年九月，刘玄的军队相继攻下了长安和洛阳。刘玄打算以洛阳为都城，就命刘秀先行前往整饬吏制。刘秀到任，安排僚属，下达文书，从工作秩序到官吏的装束服饰，全恢复汉朝旧制。当时，关中一带的官员赶来迎接皇帝刘玄去长安，他们见到刘玄的将领们头上随便包一块布，没有武冠，有的甚至穿着女人的衣裳，滑稽可笑，没有庄重威严的样子，但他们见到刘秀的僚属肃然起敬。一些老官员流着泪说："没想到今天又看到了汉朝官员的威仪！"刘秀已赢得地主、官僚和老百姓的拥护。

刘玄到了洛阳，决定派一员亲近大将代表朝廷去河北一带，宣示朝廷旨意。朝廷经过一番争议，最终又选定了刘秀。这也为刘秀提供了避开矛盾漩涡、自由施展才干的机会。刘秀在河北，每到一处都认真考察官吏，按其能力的高低分配财富的多少；平反冤狱，释放囚徒；废除王莽苛政，恢复汉朝的官衔。官民欢喜，竞相持酒慰劳，刘秀一律婉言相拒。此外，刘秀还粉碎了一起假冒汉成帝之子另立朝廷的反叛事件，王郎就参与其中。刘秀在清理缴获的文书档案时，发现官吏与王郎勾结一起毁谤刘秀的有几千份。刘秀一律不看，他把王郎的部属召集起来，当着他们的面一把大火将这些材料烧掉。他解释说，这样做是"令心怀不安的人放心"。

更始帝见刘秀的影响越来越大，就派使节赶到河北，封刘秀为萧王，并命令刘秀停止一切军政活动，与有功的将领一起到长安去。刘秀自然明白更始帝已经对自己起疑了，并准备削弱他力量的意图，

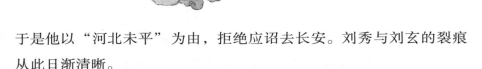

于是他以"河北未平"为由，拒绝应诏去长安。刘秀与刘玄的裂痕从此日渐清晰。

公元24年秋天，刘秀调集各郡兵力，先后在馆陶等地击败并收编了铜马、高湖、重连等地的农民起义军，大大加强了自己的军事实力，也为他一统天下、登上帝位奠定了良好的基础。

建立东汉，一统天下

河北一带大致平定。以樊崇、逢安、徐宣等人为首活动在今河南东部的赤眉军，正在迅猛地向长安进兵。赤眉一旦攻下长安，刘玄败逃，就会出现一个夺取关中的良好时机。刘秀感到争夺天下的时机即将到来。他一边派将军邓禹率精兵两万向关中一带进发，相机行事；一边选定北据太行山、南临黄河、地势险要、财物富实的河内郡作为进取中原的立足点。他先用文武兼备的良将寇恂任河内太守，冠以"行大将军事"的御号。并交代寇恂："从前汉高祖与项羽争天下，把萧何留在关中，我现在把河内交给你。你的任务，是像萧何那样保证粮草供给，训练士兵和战马；阻挡其他军队到这块地盘上来，特别是不让黄河以南的刘玄的军队过来。"后来寇恂果然不负重托。刘秀又在孟津部署重兵，窥视洛阳。

安排妥当以后，刘秀带领一支军队回到冀中、冀北一带。一路上，将领们纷纷建议刘秀称帝。刘秀故作拒绝，有时还惊讶地说："你们怎敢说这种话？当心招来杀身之祸！"到了南平棘，将领们又一再劝说，刘秀还是拒绝。乘身边无人的时候，将军耿纯说："人们抛开亲人和家乡，跟从大王出生入死，为的就是想攀龙附凤，实现封官拜爵的愿望。现在大王不愿称帝，违背了众兄弟的愿望，我担心他们会感到失望，产生离你而去的想法，况且，人心是不容易收拢的。"刘秀仔细思考之后，明白了将领们要他当皇帝是出于个人利益，并非虚让，于是表示说："我会考虑这个问题。"

到高县，刘秀把将军冯异从洛阳前线召回，询问天下形势。冯异是当时和刘秀最亲密的人，自刘秀任司隶校尉以来，一直跟在刘秀身边，对刘秀忠心耿耿，陪同刘秀渡过了最艰难的时刻，他经常劝刘秀做好争夺天下的思想准备。冯异不争功名，每次论功行赏他总是跑得远远的，不参与其中。他担任洛阳前线的军事首领，了解战争的形势，分析的情况非常可靠，因此刘秀才召他来询问。冯异对刘秀说："更始皇帝的败局已定，宗庙社稷的问题就在大王你了。你应当听从众人的主张。"

此时，有一个叫强华的儒生，非常适时地从关中赶来，献上一部神的预言书——《赤伏符》。符文大意是说刘秀应运而生，该当天子，承继汉统。

公元25年，刘秀当仁不让，在鄗南登基称帝，于是，改元"建武"，改"鄗"为高邑，因为他本是汉朝的后代，所以国号仍然为"汉"。只是后来又建都洛阳，与西汉的长安一东一西，所以又被后人称为"东汉"。

更始政权昏庸腐败，百姓民不聊生。人们看不到推翻王莽政权给自己带来的好处，于是，纷纷开始反对新政权。就在刘秀称帝的前后，赤眉军也在西攻长安的途中，用近于抓阄的办法，从城阳景王的三位亲属中，推出年仅十五岁的刘盆子做皇帝。

赤眉军本是与刘玄一同起义的部队，那么他们为什么起来反对他呢？其中原因几乎与刘秀反刘玄如出一辙。原来，在王莽篡汉当政和人心普遍思念汉德的情况下，他们这种以汉朝百姓身份造反的做法，不仅表现了他们对新莽政权的深恶痛绝，而且体现了他们争取社会广泛同情和支持，避免树敌过多，以便集中力量打击新莽政权的斗争策略。因此当更始政权移都洛阳，樊崇等赤眉军首领即前往臣服，并接受其封号，只是由于遭到刘玄等人的排斥，才不得不又脱离更始政权。

王莽的新朝灭亡后，赤眉军推翻新莽的目的已经达到，想做汉朝百姓，此时更始政权已立，似乎可以解甲归田，安享太平了，可是更始政权又迅速变质成腐败的封建政权。百姓失望，在反莽斗争中浴血奋战、屡建奇功的赤眉部众更感心寒。因此，他们虽然屡战屡胜，却疲惫厌兵，甚至日夜愁泣，都想回归故土。

此时，樊崇等首领感到以反莽的汉民自命已毫无意义，部众回乡必散，这才决定也立一个西汉宗室做皇帝，引众西攻长安。而这时的更始政权已经不堪一击。申屠建、陈牧、成丹等农民将领已被刘玄杀害，张印和王匡等拥兵自保，赤眉军一到长安附近，他们立即率众迎降，助攻东都门。公元25年，赤眉军攻克长安，刘玄肉袒乞降，不久被绞杀。更始政权就这样灭亡了。

但是，由于长安附近的豪强地主隐藏粮食，坚固壁垒，进行反抗，拥众百万的赤眉军难得军粮糊口，又无力打破豪强地主的武装封锁，只好退出长安，西走陇坂。在那里，赤眉军又受到隗嚣等地主武装的袭击和风雪的阻遏，不得不折返长安，引众东归。这时，正是刘秀的大好时机，于是，刘秀大军在宜阳等地团团将其围住。

公元27年春，赤眉军奋勇力战，终因粮尽力绌而全部投降。刘秀立即命令宜阳县的厨师为赤眉军十多万饥疲降众准备饮食，让他们都吃饱饭。同时，刘秀显示其以柔治人的本领。刘秀一边称赞樊崇等人曾经的功绩，一边用计安抚赤眉军。结果这些人很快投降，并为刘秀所用。不久，刘秀迅速攻占长安。

大规模的农民战争结束以后，为了恢复和重建封建统治秩序，刘秀又开始了消灭群雄，清除各地豪强割据势力的斗争。

当时，比较大的割据势力还有很多，东方有刘永、北方有彭宠、西北有卢芳、西方有隗嚣、西南有公孙述。刘永称帝于睢阳（今河南商丘南），据有今河南东部和安徽北部一带地区，山东的张步、苏北的董宪、庐江的李宪等均为其羽翼，他因此又控制着今山东西部和江苏北部地区。刘秀为了解除这一威胁，公元26年夏，派盖延率军征伐。经过整整一年的战争，盖延才灭掉刘永。接着，刘秀又先后派遣耿弇、马成、吴汉等率军分别击灭张步、李宪、董宪等，刘永的势力终于肃清。

彭宠本为渔阳太守，曾帮助刘秀平灭王朗，于公元26年举兵。涿郡太守张丰自立为无上大将军，与彭宠联合。彭宠自称燕王，北结匈奴，南连张步及富平、获索诸兵，据有渔阳等郡。一年后，刘秀派朱祜、祭遵等出征。祭遵首先诛灭张丰。彭宠失其右臂，几经战败，于是退缩于渔阳城中，公元29年被手下人刺杀。北方势力不久也被平定。

隗嚣曾协助刘秀部将邓禹镇压赤眉军，被邓禹依制封为西州大将军。刘秀也企图用政治手段使其臣服，千方百计地进行笼络。隗嚣却因雄踞今甘肃全境，粮草丰厚，兵马强壮，始终不肯就范。公元30年，刘秀急于招抚隗嚣与公孙述，几次写信到陇、蜀，晓以利害。隗嚣特遣周游为信使去京都，周游经冯异军营时被仇人所杀。刘秀获悉，即派铫期携带珍宝缯帛去陇西（今甘肃临洮南）赠隗嚣，半路失盗，财物尽失。刘秀叹道："我与隗嚣之间的事恐怕难有好结果，他派来使者中途被杀，我赠他礼物半道丢失。"于是，刘秀迅速改用军事手段，对隗嚣进行征伐。

隗嚣南联公孙述，北结卢芳，西通诸羌、匈奴，与刘秀抗衡。但终究不是刘秀的对手，几经战败，隗嚣已穷途末路。公元30年春，隗嚣忧愤而死。刘秀乘机收降举足轻重的窦融，命他率领河西五郡兵入金城（今甘肃兰州附近），攻打隗嚣的儿子隗纯。第二年十月，隗纯被迫投降，陇右（相当于今甘肃六盘山以西，黄河以东地区）也宣告平定。

公孙述虽然据有益州（今四川、贵州、云南三省大部分地区），资源丰富，地势险阻，但在隗嚣势力瓦解以后，他也陷于孤立无援的境地。加上他禀性苛细，不识大体，任人唯亲，拒谏杀将，早已众叛亲离，势力大减。刘秀得陇望蜀，自然要乘势前征。公元36年，吴汉等与公孙述大战于成都，公孙述惨败，伤重而死，益州也被攻占。

卢芳诈称自己是汉武帝的曾孙刘文伯，得到了匈奴支持，横行于五原、朔方、云中、定襄（今内蒙古和林格尔附近）、雁门（今山西右玉南）五郡（相当于今陕西北部和内蒙古一带），刘秀曾几次派军征讨，可惜都没有拿下。公元36年，公孙述败亡，卢芳感到势单力孤，于是逃入匈奴，后来虽降叛无常，但已经难成大患了。

至此，经过十多年的南征北战，刘秀终于结束了豪强割据，统一了全国。

"柔道"治国

刘秀虽然出身于皇族，但由于长期生活在平民中间，使他深深体会到了人民的疾苦。因此刘秀统一天下后，非常认真地总结了前朝的教训，废除了王莽时期的一切制度和政策。他用全新的方式，管理这个已经饱经战乱的国家。

"为己下车，先访儒雅"是刘秀最为人称道的地方。刘秀很重视隐居山林、不仕王莽的士人，他认为这些人既熟悉封建制度，懂得治国安民之术，又情操高尚，有较好的声誉。为了得到这些有高度文化修养的文吏，他曾多次访求，重礼征聘，封官授爵，以礼相待。很快，他身边就集中了一大批著名的学者和经世的人才。但是，刘秀在访求文吏的同时，还在"退功臣"，他给众多和他一起打天下的人以重赏，却不给他们实权，功臣武将们多在边疆任职或是在京城做些闲职。

土地兼并是引起社会危机的一个严重的问题，对此，刘秀也曾试图予以解决。公元 39 年，刘秀诏令州郡检查核实垦田数和人口、年纪，称为"度田"。对豪强地主兼并土地的活动进行一定程度的限制，从而使东汉初年土地问题上的矛盾相对缓和一些。而土地兼并问题的部分解决和农民处境的改善，对提高农民生产积极性、恢复社会经济是很有利的。刘秀和地方官都比较注重"劝课农桑"，兴修水利，发展生产，使残破的社会经济逐渐恢复起来。到汉明帝时，接连获得丰收，一斛粟仅值三十钱，牛羊遍布于乡野，人口也增加到三千四百多万。

刘秀年少时的特性在这没有战争的时候，更明显地表现出来。有一次刘秀回到家乡，同族的婶子大娘们见了他这个当了皇帝的侄子，接受他的赏赐，喝着他设下的酒，十分高兴，叫着他的名字相互议论说，他小时候谨慎诚实，对人厚道，不计较小事，什么都好，只是太温柔了些。刘秀听了哈哈大笑，说："吾治天下亦欲以柔道行之。"刘秀并非说笑，他的确是要以"柔"作为治国之道。

刘秀的"柔道"，首先表现在征伐占领之后，注重安抚，不事屠戮。凡是投降的士兵，只把他们的首领送到京城来，对小民百姓，遣散回家，让他们种地；拆散他们的营垒，不让他们重新聚集。他主张征伐战争不一定攻地屠城，而是要安定秩序，招集流散的人口。

其次，刘秀先后多次颁布了解放奴婢的政令。公元 35 年，他下诏书宣布："天地之性人为贵。其杀奴婢，不得减罪"；敢于用火烧烫奴婢的，按法律论罪；对被烧被烫的奴婢，恢复其平民身份；废除奴婢射伤人判死刑的法律。公元 36 年诏书宣布：被卖的妻子愿回

46

到父母身边去的，听其自便；敢拘留者，按法律论罪。公元 36～38 年，他一再下诏宣布：建武八年（公元 32 年）以来被迫当了奴婢的，一律恢复平民身份；自卖的，不再交还赎金；敢拘留的，按法律论处。

另外，刘秀还下令京都地区及各郡、国释放囚犯，除犯死罪的，一律不再追究，现有徒刑犯一律免罪恢复平民身份；应判两年徒刑而在逃的罪犯，由地方官吏发布文告公布姓名，免治其罪，使其放心回家。

汉朝的官府及吏员设置在汉武帝时曾大为膨胀，庞大的官僚机构是造成汉武帝及以后时期民用匮乏的重要原因。刘秀登基后大量合并官府，减少吏员。在这个问题上，刘秀也表现得很有气魄，仅公元 30 年对县及相当于县的封国进行调整，就"并省四百余县，吏职减损，十置其一"。这些措施使国家支出费用大为减少，减轻了人民的负担。

为了加强中央集权，光武帝在政治制度上采取了"虽置三公，事归台阁"的统治措施。

刘秀采取了西汉时加强尚书台权力的措施。东汉初年，中央的最高官职是三公，即司徒、司空和太尉。司徒是由丞相改称的，管民政，权力比丞相小得多；司空是由御史大夫改称的，不再管监察，而是管重大水土工程；太尉管军事。三公职位虽高，却徒有虚名，并无实权。刘秀为了把权力集中到自己手中，设置了尚书台机构，并加强尚书的职权，扩大机构，增设官吏。尚书台设尚书令一人，尚书仆射一人，尚书六人，合称"八座"。他们直接听命于皇帝，分掌全国政事。尚书的官位不高，尚书令每年的俸禄只有一千石，副职尚书仆射和六名尚书，每年的俸禄也只有六百石，他们的地位和待遇远不能同每年俸禄万石的三公相比，但实际权力远在三公之上。

光武帝除了通过尚书台独揽大权外，还在宫廷内设置中常侍、黄门侍郎、小黄门、中黄门等宦官职务，由他们负责传达皇帝的旨令和诏书，阅览尚书进呈的文书。光武帝认为这些宦官们地位更低，不可能取得倾国大权，就更保证了他的集权统治。

刘秀以柔术治国，宽民众，而对官吏极严。东汉初年，他恢复了西汉时曾设置过的三套监察机构，还进一步予以加强。这三套监察机构是：御史台——有侍御史十五人，负责察举官吏违法事件，接受公卿、郡史奏事和解释法律条文；司隶校尉——有从事史十二人，主管察举中央百官犯法者和各部各郡违法官吏，他们既是京官，又是地方官，监察权力很大，"无所不纠，唯三公不察"；州刺史——全国分十二州，每州设刺史一人，他们遵照皇帝命令，代表中央，乘坐驿车，巡行全国各地。他们每年八月出巡，调查各地有无冤狱，同时考察各郡县官吏的政绩，并根据政绩好坏，决定升迁罢免。他们在年底或第二年初回到京城，向中央汇报。刘秀对巡察制度非常重视，授予他们很大的权力。

朝中无论官员职位高低，一律严格按照法律办事。若有不遵守法律者，必会如实量刑定罪。曾任汝南太守的欧阳歙八世皆为博士，德高望重，刘秀十分器重他，但在他度田不实、贪赃枉法的罪行被查出来之后，立即将其捕获入狱。当时朝廷有上千名儒生守候在大殿门口，请求宽赦他，甚至有人情愿替他牺牲，但刘秀坚持将其绳之以法，予以处死。

由于刘秀加强了监察制度，对违法官吏要求甚严，从而保证了皇帝的权力和意志能够得以实现，对中央集权制的巩固起到了非常重要的作用。

为了兴复汉室，巩固统一，刘秀兢兢业业，从不恣意放纵，是我国历史上严于律己的典范，其明君风范，使刘氏汉家走向了繁荣，实现了历史上著名的"光武中兴"。

■ 相关链接

刘秀以诚服人

公元 24 年,铜马爆发了大规模的农民起义,并很快发展成了一支强大的起义队伍,汉朝统治因此受到了很大的威胁。皇帝刘玄任命萧王刘秀率兵前去征讨。

刘秀能征善战,足智多谋,很快击溃了铜马农民起义军。铜马义军战败后归降汉军,刘秀征得刘玄同意后,把降兵全部收编到自己的队伍里,大大充实了军队的力量,增强了战斗力。刘秀还奏请皇帝准允,代表皇帝把铜马农民起义军的首领、部将都封侯爵。

在铜马农民起义军将帅被封为侯爵后,由于这些将帅数量很多,刘秀的部将们担心这些人联合起来发动大规模的反叛,都不敢相信他们,常常躲避他们,很少与他们交往,有的人甚至仍然在潜意识中把他们当作敌人,处处提防,时时小心。

同时,这些归降的将帅们也终日惶恐不安,因为他们也意识到对方在怀疑自己的诚意,以至担心自己某一天会被刘秀铲除。其中有一降将,一直以直言著称,稍有委屈就装不住。一天,他把心中的担忧单独告诉了刘秀。

刘秀得知此事后,并没有向这位敢于直言的降将说什么,而是立即把降将按他们原来的职位安排,并从自己手下部将的军队里抽回降将们原来的兵马,让他们直接统率。随后,刘秀在巡视各部时,只带少数卫士,从来不对各降将及其部下士卒加以戒备。

刘秀诚意的举动让手下的将领备受感染和鼓舞,他们开始与降将士卒友好往来。降将士卒们更被刘秀的诚意所感动，心中的恐慌和顾虑不仅完全消除，还对刘秀以及汉王朝更加忠诚了。他们在私底下说："萧王都把自己的心放在别人腹中了，我们还有什么可担心的呢？我们应当心悦诚服地为他效劳，才能真正表示我们的诚意和感激之情。"后来，这些降将果然率领手下共十万大军，在帮助刘秀建立东汉王朝过程中做出了很大贡献。

晋武帝司马炎

晋武帝司马炎（236～290年）字安世，河内温县（今河南温县西）人。司马昭的长子，西晋开国皇帝，在位二十五年。曹魏末年，祖父司马懿、伯父司马师、父亲司马昭相继控制朝政。魏咸熙二年（265年）司马炎为相国、晋王，同年十二月代魏称帝，建立晋朝。太康元年（280年）灭吴，统一全国。

登上帝位，"无为"治国

东汉末年，朝廷昏庸腐败，统治集团内部宦官与官僚之间争夺权力的斗争日益激烈。曹魏后期，司马家族的势力越来越大，其重要原因是明帝临终时竟然又一次托孤与司马家族，结果让经历几代发展的司马家族成了曹魏的一个严重威胁。

司马懿始终将曹魏军事大权把持在手，而司马昭基本上掌握了魏国的大权，魏国皇帝成了名副其实的傀儡。

司马炎是晋王司马昭的长子，按照封建时代立嫡以长的制度，司马炎本该是合法的王位继承人，但父亲司马昭对小儿子司马攸倍加爱护。司马昭在把司马攸过继给自己的哥哥司马师为子后，打算立他为世子，做自己王位的继承人。司马昭每次见到司马攸就拍着晋王的宝座对他说："这是属于桃符（桃符是司马攸的小名）的宝

51

座。"宠爱之情溢于言表。正是在这种复杂的政治背景下，不甘寂寞的司马炎开始了他争夺王位的活动。

齐王司马攸为人温文尔雅、亲贤好施，喜爱古代典籍，并且多才多艺，是一位有着浓厚的艺术气质的儒雅之士。而司马炎却是天生的政治家，在气质上几乎完全秉承了父辈的天性，既有足以左右形势的谋略，同时也有着一副宽厚仁慈的外表。总之，政治家的天性加上客观上的优势，使得他在复杂的宫廷斗争中游刃有余。到晚年，司马昭不得不以强大的政治理智克服个人情感，接受了大臣们的建议，立司马炎为世子。

公元 265 年，司马昭病死，司马炎继承了相国晋王之位，掌握全国军政大权。同年十二月，司马炎仿效曹丕代汉的历史，为自己登基做准备。在司马炎接任相国后，就有一些人受司马炎指使劝说魏帝曹奂早点让位。不久，曹奂下诏书说："晋王，你家世代辅佐皇帝，功勋高过上天，四海蒙受司马家族的恩泽，上天要我把皇帝之位让给你，请顺应天命，不要推辞！"司马炎却假意多次推让。司马炎的心腹太尉何曾、卫将军贾充等人，带领满朝文武官员再三劝谏。司马炎多次推让后，才接受魏帝曹奂禅让的，封曹奂为陈留王。公元 265 年，司马炎登上帝位，改国号为晋，史称为西晋，晋王司马炎成了晋武帝。

历史有着惊人的相似，曹魏王朝从曹丕让汉帝禅位称帝，传了四十五年，到此结束。司马昭也采用同样的手段获取了王位。但这时的司马炎心里并不轻松，他很清楚，虽然他登上王位宝座，但危机仍然存在。

从内部看，他的祖父、父亲为了给司马氏家族夺取帝位铺平道路，曾经对曹操以后的曹氏家族以及附属势力进行了残酷的屠杀，这件事所造成的阴影至今仍然留在人们心中。从外部看，蜀汉虽平，孙吴仍在，虽说此时的东吴已不足以与晋抗衡，但毕竟也是一个不小的威胁。

内忧外患告诉司马炎，要想巩固政权，进而完成吞并东吴、统一全国的大业，首先要强固统治，提升集团本身的凝聚力，而要达到这个目的，就必须采取怀柔政策。为此，司马炎在即位的第一年，立即下诏让已成为陈留王的魏帝载天子旌旗，行魏正朔，郊祀天地，礼乐制度皆如魏旧，上书不称臣。同时又赐安乐公刘禅子弟一人为驸马都尉，第二年又解除了对汉室的禁锢。这不但缓和了朝廷内患，消除了曹氏家族心理上的恐惧，而且还安定了蜀汉的人心，进而为赢得吴人的好感、吞并东吴取得了主动权。

为了使国家尽早摆脱动荡不安的局面，为统一奠定牢固的基础，无为与宽松政策成了西晋之初的立国精神。这种立国精神在国家的各种领域中充分地体现出来。公元268年，司马炎诏书中明确指出："为永葆我大晋的江山，现以无为之法作为统领万国的核心。"同年，又向郡国颁下五条诏书：一曰正身，二曰勤百姓，三曰抚孤寡，四曰敦本息末，五曰去人事。当年，曹魏王朝的奠基者曹操继东汉的动乱政治之后，为了安定人心，恢复国力，曾实行了比较宽松开放、节俭求实的治国方略。但到了曹丕，政治渐趋严厉，社会风气亦腐败，曹操当年的风范已不复存在。皇帝为了满足自己的私欲，往往不断把强大的物质重负转移到百姓的身上，而长期的战乱更使百姓在惨淡的生计之外，还在心理上增添了恐惧与疲惫。在这种情况下，司马炎反其道而行之，提出"无为而治"的强国方略是最适合不过的。

统一全国

西晋成立之初，晋武帝为了收买人心，大封功臣，许多大家族都被封为公侯。短短几年时间，晋武帝共封了五十七个王，五百多个公侯。蜀汉灭亡不久，晋武帝为了稳定巴蜀人心，又任用了一批原在蜀汉供职的官吏为朝官。晋武帝没有采取"一朝天子一朝臣"的惯用手法，而采取拉拢、收买人心的办法，稳定各级官吏，以确保社会稳定地过渡。因为晋武帝看到，蜀汉虽亡，东吴未灭，全国还未统一。于是他开始运筹帷幄，准备击灭东吴，结束全国的分裂局面。

早在三国鼎立之时，魏国的势力已超过蜀、吴，如以人口计，魏约占全国人口 4/7，蜀、吴合占 3/7。公元 263 年，魏灭蜀之后，三国鼎立变成了南北对峙，魏的力量更加强大。晋武帝代魏之后，雄心勃勃，准备出兵灭吴，统一全国。

西晋全国正处于一种积极的态势之中，而吴国却是在走下坡路。吴主孙皓荒淫、残暴，使吴国丧失了重整旗鼓的机会。孙皓命令大臣的女儿要先经过他的挑选，漂亮的入后宫供他一人享受，剩下的才能谈婚论嫁，这使他丧失了大臣们的支持，自毁根本，最终成了孤家寡人。敢于进谏的中书令贺邵不但没有受到表扬，反而被他用烧红的锯条残忍地锯下了舌头，其残暴程度与商纣王没有任何区别。孙皓杀人的方法很多，很残忍，像挖眼、剥脸皮和砍掉双脚等。因此，孙皓的残暴使手下的将领们也对他丧失了信心，纷纷投降西晋。西晋的大臣们见吴国国力下降，政局不稳，纷纷劝说司马炎趁机灭掉吴国。

但是，晋武帝受到了以太尉录尚书事贾充为首的保守派的反对，他们认为：吴有长江天险，且善水战，北人难以取胜。并且近几年来西鲜卑举兵反晋，此时对吴作战，并非其时。而羊祜、张华、杜预等人则认为：吴帝孙皓腐化透顶，他不但对广大人民残酷剥削、镇压，而且在统治集团内部也排除异己，用刑残酷。孙吴目前是

"上下离心"，如此刻出兵，"可不战而胜"。如果错过机会，"吴人更立另主"，励精图治，再去灭吴就相当不容易了。

　　两派意见，针锋相对。是否出兵灭吴，统一全国的问题摆在了司马炎面前。他意识到，自秦汉以来，统一已成为人类历史的主流，广大平民百姓要求统一，渴望和平。因此，晋武帝坚定地站在主战派一边。

　　为了完成灭吴大业，晋武帝在战略上做了充分准备。早在公元269年，他就派羊祜坐守军事重镇荆州，着手灭吴的准备工作。羊祜坐镇荆州后，减轻赋税，安定民心，荆州与东吴重镇石城（今湖北钟祥县）相距最近，晋军采取了"以善取胜"的策略，向吴军大施恩惠。由于孙皓挥霍无度，部队士兵常常领不到军饷，连饭也吃不饱。羊祜命人向吴军送酒送肉，瓦解吴军。这样，不时有吴军前来投降，羊祜下令说："吴军来要欢迎，走要欢送。"有一次，吴将邓香被晋军抓到夏口，羊祜部下坚持要杀掉，羊祜不但不杀他，反而亲自为其松绑，把邓香送了回去。有时，吴军狩猎时打伤的野兽逃到了晋军领地，晋军也把这些野兽送到吴军帐内。正是由于这样的"厚"爱，东吴将领们的心已经一步步趋向晋军。

　　晋武帝在襄阳一边命羊祜以仁德对吴军施加影响，一边在长江上游的益州训练水军，建造战船。经过长达十年时间的充分准备，公元279年，晋军开始向东吴展开大规模的进攻。为了迅速夺取胜利，晋军分五路沿长江北岸，向吴军齐头并发。第六路晋军由巴东、益州出发，沿江东下，直捣吴军都城建业。二十万晋军直扑东吴。东吴守军在巫峡钉下了无数个锋利无比的、长十余丈的铁锥，在江面狭窄处用粗大的铁链封锁江面。晋军先将大竹排放入长江，载满了用麻油浇灌的点燃了的火炬，用熊熊烈火把铁链烧断。就这样，东吴长江的防守设施被一个个排除了。

在第六路晋军进攻东吴时，为了分散、吸引守卫建业的吴军兵力，安东将军王浑率一路晋军由北向南，直取建业。孙皓忙命丞相张悌统率主力渡江北上，迎击王浑，结果沿江东下的晋军乘机攻占了建业。

由于晋武帝准备充分，时机恰当，战略正确，前后仅用了四个多月，就取得了灭吴战争的全部胜利。从此，东吴的全部郡、州、县，正式并入晋国版图。

公元 280 年，三国鼎立的局面完全结束了。晋武帝司马炎终于统一了全国，结束了长达近百年的分裂局面。

发展经济

统一全国后，西晋政治上趋于安定，但由于多年战争的创伤，老百姓生活依然很艰苦。特别是皇室和权贵们无限制地霸占土地，更加重了农民的苦难。农民没有土地，豪门世族利用占据的田地肆意盘剥农民。西晋初年，晋武帝把解决土地问题作为发展经济的重要内容之一。为此，他制定了"户调式"的经济制度。

户调式共有三项内容，即占田制、户调制和品官占田荫客制。

●占田制

占田制是把占田制和赋税制结合在一起的一条法令。晋武帝时，对人口年龄进行了分组：男女年龄 16～60 岁为正丁；15～13 岁、61～65 岁为次丁；12 岁以下为小，66 岁以上为老。占田制规定：丁男一人占田七十亩，丁女占田三十亩。同时又规定：每个丁男要缴给国家五十亩税，计四斛；丁女缴二十亩税；次丁男缴二十五亩税，次丁女免税。

这一规定，使每个农民都可以合法地去占有应得的田地。不少豪门世家的佃户，也都纷纷脱离主人，去领取属于自己的一份土地。

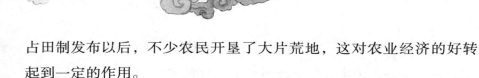

占田制发布以后，不少农民开垦了大片荒地，这对农业经济的好转起到一定的作用。

●户调制

户调制即征收户税的制度。户调不分贫富，以户为单位征收租税。这一制度规定："丁男之户，岁输绢三匹，绵三斤；丁女及次丁男为户者半输"。同时，晋武帝对边郡及少数民族地区的户调也作了具体的规定：边郡与内地同等之户，近的纳税额的三分之二，远的纳三分之一。少数民族，近的纳布一匹，远的纳布一丈。

●品官占田荫客制

品官占田荫客制是一种保障贵族、官僚们经济特权的制度，同时也有为贵族、官僚们占田和奴役人口的数量立一个"限制"的用意，以制止土地无限制地兼并和隐瞒户口的情况出现。此制度规定："其官品第一至第九，各以贵贱占田。第一品占五十顷，第二品四十五顷，第三品四十顷……每低一品，少五顷"。对于庇荫户，"晶第六以上得衣食客三人，第七第八品二人，第九品一人"。"其应有佃客者，官品第一第二者佃客无过十五户，第三品十户，第四品七户，第五品五户，第六品三户，第七品二户，第八品第九品一户"。庇荫户的佃客，为私家人口，归主人役使，不再负担国家徭役。

实行户调制的诏书发布后，遭到了豪门世族的抵制。他们或是隐田不报，或是反对农民占有耕地。尽管遭到了种种阻碍，但这一制度从一定程度上，采用行政的手段将大量的流动、闲散人口安置到土地上从事生产，对稳定社会秩序、促进社会经济的恢复与发展起到了积极作用。

此外，晋武帝很注意开垦荒地，兴修水利。如在汲郡开荒五千多顷，郡内的粮食很快充裕起来，又修整旧陂渠和新开陂渠，对于灌溉和运输都起到了很大的作用。

晋武帝在强调发展生产的同时，反对奢侈，厉行节俭。有一次，太医院的一个医官献给晋武帝司马炎一件色彩夺目、华贵无比、满饰野雉头毛的"雉头裘"。晋武帝把这件"雉头裘"带到朝堂，让满朝文武官员欣赏，朝臣见了这件稀世珍宝，个个惊叹不已。不料晋武帝却一把火烧了这件"雉头裘"。他认为，这种奇装异服触犯了他不准奢侈浪费的禁令，因此要当众焚毁。他还下诏说，今后谁如敢再违犯这个规定，必须判罪。

由于数十年的战乱，中原地区经济遭到极为惨重的破坏，人口也大减。晋武帝的故乡河内郡温县，人口也只有原来的几十分之一。为此，晋武帝决定采取一些措施增加中原地区的人口。他下令，十七岁的女孩一定要出嫁，否则由官府代找婆家。灭蜀之后，招募蜀人到中原，应召的人由国家供给口粮两年，免除徭役二十年。灭吴后，又规定吴国将吏来北者，免徭役十年，百工和百姓免徭役二十年。

公元268年，晋武帝还设立了"常平仓"，丰年按适当价格抛售布帛，收购粮食；荒年则按适当价格出售粮食，稳定粮价，维持人民的正常生活。晋武帝一再责令郡县官吏，要"省徭务本"，打击投机倒把、囤积居奇。

晋武帝采取了这一系列有力的经济措施，使农业生产逐年上升，国家赋税收入逐年充裕，人口逐年增加，仅平吴之后不到三年时间，全国人口就增加了一百三十多万户，出现了"太康繁荣"的景象。

任人唯亲，害国害民

司马炎执政初期，厉行节俭，削减各地进贡，禁止乐舞百戏和游猎器具，甚至连宫中牵牛用的青丝绳断了，他也要下令用青麻代替。但到了后期，随着政权的稳定和社会经济的发展，整个统治集团奢靡成风，再也无法控制了。不仅出现了石崇、王恺这样的大臣竞相斗富，就连司马炎自己也改变了当初勤俭的习惯，日子越过越荒唐。

光阴荏苒，司马炎就这样过着荒淫的日子，而且他本来性格温和，如今天下一统，他也无心再管政事，任由其发展。不过，有件事是他不能不关心的。本来，他只需要从自己的子嗣中选一个就够了，可是，这件事并非这么简单，因为当年和他争皇位的弟弟司马攸现在又来和自己的儿子争继承权了。

司马攸本来就才能出众，这些年来对未能即位心有不甘，于是着意树立自己的形象，以至于朝野归心，很多人都希望他能成为下一个皇帝。这让司马炎受到了威胁，觉得这个弟弟留在京城里太危险，就打算把他远远打发出去，命他去青州担任都督，并且一再催促他赶紧出发。司马攸又气又恨，生了重病。他向司马炎申请去给太后守陵，但司马炎却不答应，派来御医给他看病。御医们知道司马炎的心思，异口同声说司马攸没有病。其间许多大臣劝司马炎让司马攸留在京城，说司马攸德才兼备，留下来会对朝廷有好处，这一下更让司马炎警惕起来，催促得更加急迫。司马攸的病越来越重，但他一向很重视自己的风度仪表，虽然已经病入膏肓，但去向司马炎辞行的时候还是尽量维持着平时的神态举止，看起来和往常没有什么区别，结果更让司马炎怀疑他只是装病。

司马攸最终还是踏上了去青州的旅途，但没有几天他就吐血去世了。当司马炎前去吊唁司马攸的时候，听到司马攸的儿子痛哭着说他父亲的病是被医生给耽误了，就立即下令杀了医生，让他们做了替罪羊，随后下令高规格办理司马攸的后事。

在司马攸事件里，另一个受到牵连的人是贾充。贾充的一个女儿嫁给了司马攸，另一个女儿嫁给了太子司马衷，按说亲疏相同。

下一步由谁来做皇帝，对他的利害关系都是一样，于是当初就有大臣找到他，希望他能支持司马攸。虽然当时贾充并没有发表意见，但是司马炎知道了这件事，对贾充产生了怀疑，就剥夺了他的兵权，不过依然优待备至。

在贾充之女贾南风嫁给太子之前，司马炎已经打算选卫家的女儿做太子妃，而且他早听说过贾充的女儿脾气不好，长得又黑又矮又丑，嫉妒心又非常强，无论如何也不打算答应。但是贾充早已经打通了所有的关系，皇帝身边所有的人都异口同声地说贾家的女儿长得非常漂亮，而且德才兼备，最后连司马炎自己都怀疑起以前听到的消息有误，就答应了和贾家的婚事。

另一方面，司马衷与聪明有为的司马攸相比，司马衷无异于白痴一样。他留下的笑话太多，比如著名的"为何不食肉糜"，又比如他听到蛤蟆叫就问这蛤蟆是官家的还是私家的，大臣们都不知道怎么回答，最后有人说在官家叫的蛤蟆就是官家的，在私家叫的就是私家的，这才让他满意。因此，大臣们都对这个太子非常不满意，曾经有大臣借着酒醉，抚摸着皇帝的宝座感叹："这个座位可惜了！"但司马炎只当没听到。

司马衷的妻子贾南风也是个厉害人物，比司马衷大两岁，和她父亲一样工于心计，把司马衷管得老老实实，事事都由她做主。有一次，大臣在司马炎面前坚持说司马衷不适合当太子，司马炎也没有办法，只得发给太子一道奏章让他去提意见。贾南风就赶紧找人来代笔，写了篇很漂亮的文章打算交给司马炎，但旁边有侍臣立即提出异议，说皇帝本来就知道太子的脑筋不清楚，现在拿篇这样的文章过去显然是作弊，皇帝根本就不会相信。一句话提醒了贾南风，她立即让人另写了一篇文章，虽然语句平常，但却还能把道理说明白。司马炎看了很高兴，把文章拿给提意见的大臣看，令大家哑口无言。

其实司马炎也并非不知道司马衷愚钝无能，他把希望寄托在一个聪明的小孙子——司马衷的儿子司马遹身上，期望当他即位时能够有所好转。但历史并没有给他这个机会。公元290年，司马炎去世，司马衷顺理成章地即位，从此朝廷就成了贾南风的舞台。她残忍好杀，除掉了杨太后的势力，把朝廷大权紧紧握在自己手里，肆意乱为，最后引出"八王之乱"，把西晋的江山折腾得风雨飘摇。

■ 相关链接

司马昭之心，路人皆知

公元260年的一天傍晚，洛阳城突降急雨。雨点由疏转密，天空一片灰暗，间或有雷鸣闪电。

历史在这一天的最大落笔不是洛阳城的这场暴雨，而是发生在皇宫中的一场政治风雨。与宫外噼里啪啦的雨声相呼应，皇宫中也是一片鼓噪，人呼马嘶，兵器相交。原来是魏帝曹髦"见威权日去，不胜其忿"，决定出宫亲手杀掉权臣司马昭。曹髦带着冗从仆射李昭、黄门从官焦伯等宫廷侍官下了陵云台，穿上铠甲，挑了兵仗，集合宫中士兵，要出讨司马昭。宫中顿时大乱。

有官员拦住曹髦，上奏说天降大雨，出师不利，请皇帝收回成命。曹髦一把将他推开。

侍中王沈、尚书王经、散骑常侍王业闻讯赶到。曹髦见三人到来，不等他们开口，大声诉起苦来："司马昭之心，路人所知也。我忍受不了他的羞辱了，不能坐等被他废黜。就让我们君臣在今天解决此事。今日当与卿自出讨之。"

王经诚恳地劝谏道："昔日鲁昭公忍受不了专权的季氏，结果败走他方，失去国君之位，为天下取笑。现在国家大权操纵在司马家族已经很久了。朝廷四方都有司马家的亲信、爪牙，人们不顾逆顺之理已非一日。皇上的宫廷宿卫兵甲寡弱，怎么能够作为成大事的依靠呢？兵势一旦发起，就好像病情可能非但没有祛除，反而会加深！甚至可能出现难以预料的灾祸。请皇上详加考虑啊。"

曹髦听到如此残酷的剖析，胸中燃烧着熊熊怒火。他掏出怀中的板令狠狠地掷在地上，厉声说："我意已决。即使事败身死，又有什么可怕的呢？更何况不一定死呢！"

曹髦抛下三人，匆匆告别太后，率领宫中宿卫、官僮数百人，敲起战鼓，出云龙门而去。皇帝身披新甲，坐在车驾之上，手持宝剑，大呼杀贼，激励士气。这一幕在中国历史上还是第一次出现。

王沈、王业两人见此，决定去向司马昭汇报投诚。他俩招呼王经一起去告密："事已至此，我等不能自取灭族之祸，应该前往司马公府自首，以免一死。王尚书要一起去吗？"王经回答说："主忧臣辱，主辱臣死。你们俩去吧，我不去了。"王沈、王业见劝不动王经，快步出宫，抄小路报告司马昭去了。

这一边，曹髦率领着数百僮仆，鼓噪而出。

司马昭的弟弟屯骑校尉司马伷正好有事入宫，遇到震怒的曹髦和宫中的乌合之众，大吃一惊。曹髦左右大声呵斥他，司马伷一行慌忙躲避而走。曹髦可谓旗开得胜，对这次肉搏的前途更有信心了，于是他喊得更响了。随从们受到感染，旗帜和兵器也挥舞得更欢了。

在皇宫南阙下，得到消息的司马昭党羽已经在中护军贾充的率领下，集合军队，列阵迎战了。司马父子常年掌握兵权，

集合的军队战斗力自然不是曹髦的乌合之众可以比拟的。贾充见到宫中缓缓出来一支不伦不类的军队，嗤之以鼻。他挥手示意主动反击，自己带兵自外而入，扑向曹髦军队。曹髦的军队见状就溃散后退了。

曹髦急了，高喊："我是天子，谁敢拦我！"挥舞着宝剑，左右乱砍。司马昭一边的将士见小皇帝赤膊上阵，不知所措，只好小心躲避，不敢进逼。宫中士兵和仆人们见状，又聚集起来，向宫外继续前进。两边军队开始胶着。曹髦认为这是上天保佑曹家，自己身为天子，天下无敌，更加起劲地舞剑向前冲。

司马家一边的军队慌乱躲避，形势开始不利于司马昭了。

太子舍人成济跑过去问贾充："事情紧急了！中护军，怎么办？"贾充恶狠狠地说："皮之不存，毛将焉附。司马家如果失败了，我们这些人还会有好下场吗？还不出击？"他对周围的士兵高喊："司马家养你们这些人，就是用在今天的。今日之事，没有什么可以迟疑的。"成济略一思考，说："没错！"接着抽出铁戈，向曹髦刺杀过去。曹髦毫无防守之力，被成济的长矛从胸中刺进去，于背部出来，血溅宫墙，当即身亡。一场宫闱惊变就此结束。

曹髦是中国历史上第一个赤膊上阵、亲手去刺杀权臣的皇帝，但是他失败了。古代历史上的另一位个人英雄主义的皇帝是北魏的元子攸。他虽然杀了权臣，但并没有解决权臣当国的问题。相对于当国权臣来说，生长深宫的皇帝最大的武器就是自己的血统。"皇帝"的金字招牌还是可以吓住绝大多数人的。比如曹髦在打斗中，他的皇帝光芒就起了相当大的作用。遗憾的是，这是他们唯一的武器，而且是不断钝化的武器。随着权臣权势的巩固和人们对皇室的失望，皇帝的光芒就逐渐暗淡了。

中国历代开国皇帝

尤其是，对权臣的党羽而言，他们的利益是与皇帝的利益截然相反的。成济之所以敢在众目睽睽之下刺杀皇帝，就是因为被贾充点拨出了这一点。

曹髦利用皇帝的权威、高贵与尊严来捍卫皇帝的权威、高贵与尊严。他失败的最大原因就是太看重皇帝身份本身了。这位被称为"才同陈思，武类太祖"的小皇帝以这种高贵而又屈辱的方式结束了年仅20岁的生命。

曹髦本来是无缘于皇位的，而仅仅是高贵乡公。公元254年，魏帝曹芳被司马师废黜，降封为齐王。曹髦因为是曹丕嫡孙，而被选中成为新皇帝。当时曹髦年仅14岁。虽然年少，但是由于过早目睹了家庭变故、宫廷争斗和皇室日衰的政治现实，他显露出了与年龄极不符合的成熟和世故。

曹髦从外地风尘仆仆赶到洛阳的时候，群臣迎拜于西掖门南。曹髦在门口下轿，要向各位官员回拜还礼。礼宾官员阻拦说："礼，君不拜臣。"曹髦回答说："我并未登基，现在也是人臣。"最后，曹髦在城门口向群臣恭敬还礼。进城来到皇宫止车门前，曹髦又下车步行。礼宾官员又说："天子有资格车驾入宫。"他又说："我受皇太后征召而来，还不知所为何事。"曹髦步行到太极东堂，拜见太后。曹髦谨慎得体、大方稳重的言行赢得了朝野上下的称赞。

曹髦不仅会说话办事，而且个人能力非常出众。他虽然年纪轻轻，却能在太学里与年长的儒者们谈论《易经》、《尚书》及《礼记》，还能谈出新意来。同时曹髦还是古代历史上数得着的画家，画迹有《祖二疏图》、《盗跖图》、《黄河流势图》、《新丰放鸡犬图》、《于陵仲子像》等。

也许是因为有较高的个人素质，让曹髦觉得自己应该承担

起兴复皇室的重任。为了收复已经涣散的人心，革清政治，曹髦即位初就派遣侍中持节分巡四方，观察风俗，慰劳百姓，纠察失职官员。他以身作则，一改祖父辈大兴土木奢侈享乐的风气。为了赢得军队的好感，曹髦多次下诏哀悼军队伤亡的将士，安抚那些饱经战火创伤的地方。但是他能做的也仅仅是这些象征性的举措而已，司马昭牢固掌握着朝廷实权，曹髦还是逃脱不了金丝笼中鹦鹉的命运。中兴的欲望和现实的压抑之间的巨大差距造成了曹髦心理失衡，加上血气方刚，上演了赤膊上阵杀权臣而身亡殉位的一幕。

曹髦刚登基的时候，掌权的司马师私下问亲信："新皇上是什么样的一个人呢？"大世族大官僚家族出身的钟会回答说："才同陈思，武类太祖。"司马师听完，轻声说道："如果真像你说的这样，社稷有福了啊。"实际上，他用凝重后悔的眼神注视着弟弟司马昭，心想："这回，我们哥俩可能选错了人。"

如今曹髦在进攻的路上被司马氏的党羽当众刺死了，听到消息后，司马昭大惊失色，喃喃自语道："天下将怎么看我啊？"

司马昭所谓的天下其实是指天下的世族大家们，没有权臣会对普通小百姓的感受投入过多的关注。东汉开始兴起的世族势力在三国曹魏时期得到了膨胀，他们拥有强大的政治经济力量，一些家族世代垄断某些官职。司马家族本身就是大世族，又是依靠北方世族的支持上升起来的政治势力。现在小皇帝暴亡，而且是被自己间接杀死了，世族大家们怎么对待这件事，司马昭心中没底。他先跑到宫里去，对着曹髦的尸体放声大哭了一场，然后下令召集贵族百官，商量对策。

司马昭对此变故十分心虚，极需要将这件事情尽快摆平。他下令收殓皇帝尸首，开始操办丧事。多数贵族百官都应召来到皇宫，像什么事情都没有发生一样，对皇帝的"驾崩"悲伤欲绝。少数贵族官员没有到来，其中就包括大世族出身的陈泰。

司马昭极需要所有世族的支持。他一而再再而三地派人去召陈泰入宫，理由是皇帝突然驾崩需要会集大臣商议，双方都知道真正的原因是什么。司马昭不需要说什么，多次派人催请就是他最明显的态度了；陈泰也不需要问什么，去还是不去也是他最明显的态度了。最后，陈泰还是去了皇宫，这是天下政治力量对比的客观结果。

司马昭紧张地握着陈泰的手，问道："天下将怎么看我啊？"

陈泰冷静地回答说："斩贾充，才能稍微平息天下人的议论。"

司马昭开门见山地刺探陈泰对自己支持的态度。陈泰不追究皇帝的真正死因，只是要求杀贾充以谢天下。他要求杀贾充既是对曹魏王朝做个交代，也是寻求个人心理安慰。整个对话简洁而直入主题。但是贾充是司马昭的心腹，为司马昭解决了曹髦进攻的难题，是有功之臣。更重要的是，贾充也是一大世族出身，而且还是司马氏的亲家，西晋"八王之乱"时的贾后就是贾充的女儿。杀贾充来掩饰自己的罪行对司马昭来说，代价太大了。因此他不同意陈泰的建议，他还需要贾充这个得力助手协助完成代魏的过程呢。因此，司马昭又问陈泰："杀其他人，行吗？"

陈泰坚定地说："但见其上，不见其下。"陈泰的意思是皇帝的死事关重大，只能杀官居高位的人，而不能随便找一两个顶罪。

司马昭决定抛开陈泰，强硬摆平这件事情。他高声宣布："成济弑君，罪大恶极，应诛灭九族！"

成济本在想着自己会接受什么样的奖赏，万万没想到等来的会是这个结果。他当即急了，大声嚷起来："成济只是奉命行事而已，罪不在我！"

司马昭不等成济说出更难听的话来，示意将他立即拖出去。兵士涌上来，堵住成济的嘴，架了出去。成济全家也当即被族诛。司马昭再以为臣不忠、祸乱朝政的名义将没有向自己报信的王经族诛。接着，司马派势力迅速地筹办起皇帝的丧事来。

司马懿的弟弟、司马昭的叔父司马孚当即反对侄子的处理方法。曹髦遇害初期，百官因为司马昭的态度不明，没人敢奔赴现场悼念皇帝。司马孚却第一时间赶到现场，抚着小皇帝的尸体大哭，边哭边说："杀陛下者，臣之罪。"

司马孚与其他人云亦云地参加丧礼的人不同，他上奏要求追究弑君主谋之人。司马昭不理会自己的叔叔。当时太后和司马昭商量，以平民之礼埋葬曹髦。司马孚坚决反对，拉着一批大臣上表要求以王礼安葬曹髦。

最后太傅司马孚、大将军司马昭和众大臣决定，曹髦死后用他之前的封号：高贵乡公。他的死被归为他的道德缺陷，是咎由自取。因此朝廷将他废黜，以平民之礼安葬。但因为太后可怜他，所以升格为亲王的葬礼。

几天后，高贵乡公曹髦在洛阳西北三十里的瀍涧之滨安葬。没有贵族和大臣送行，没有旗帜礼乐，整个行列只有几乘破败的车辆。有许多百姓围观，指指点点。有人说："这就是前几天被杀掉的天子。"说完，掩面而泣。

南朝的裴松之在注释这段历史的时候，感叹地说："司马昭做得太过分了，这哪是王礼安葬啊？"

后来，人们就用"司马昭之心，路人皆知"来说明阴谋家的野心非常明显，已为人所共知。

中国历代开国皇帝

晋元帝司马睿

晋元帝司马睿（276～323年），字景文，河内温县（今河南温县西）人。司马懿曾孙，司马觐之子。东晋的开国皇帝，在位六年。十五岁嗣琅琊王位。八王之乱后期依附于东海王司马越，司马越任命他为平东将军、监徐州诸军事，留守下邳。汉主刘渊举兵后，中原局势恶化，司马睿用王导的计谋，请求移镇建邺（今江苏南京）。于是朝廷于永嘉元年（307年）命为他安东将军、都督扬州诸军事，九月南下。后来，在王导、王敦辅助下，优礼当地士族，压平叛乱，惨淡经营，开始立足于江南。建兴四年（316年）汉刘曜攻陷长安，俘晋愍帝，西晋灭亡。次年三月，司马睿即晋王位，始建国，改元建武。他广辟掾属以为辅佐，有"百六掾"之称。六月，孤悬在北方的晋地方长官刘琨、段匹、刘翰等汉、胡一百八十人上书劝进。

公元318年司马睿即皇帝位，改元太兴，据有长江中下游以及淮河、珠江流域地区，史称东晋。东晋初年政治上由王导主持，军事上依靠王敦，大权旁落。后来，司马睿引用刘隗、刁协、戴渊等为心腹，企图排斥王氏权势。但素有野心的王敦于永昌元年（322年）以诛刘隗为名，在武昌起兵，直扑石头城（即建康）。王导为保全王氏家族利益，暗地里帮助王敦。王敦攻入建康，杀戴渊等，刘隗投奔石勒。同年闰十一月，晋元帝忧愤病逝。

趁乱逃回封地

公元 276 年，司马睿生于洛阳，是琅琊王司马觐的儿子，与西晋末代皇帝司马邺是叔侄关系。他的少年时期过得很平淡，像所有王侯贵族一样，享受着世袭的待遇。公元 290 年，司马觐死后，年仅十四岁的司马睿世袭了琅琊王的爵位。

同年四月，晋武帝司马炎去世，但遗憾的是司马炎把皇位传给了自己的白痴儿子，而不是有所作为的弟弟。继位的司马衷根本没有半点能力掌管政局，这理所应当地为野心家们提供了一个良好的契机。可惜司马家族几代人费尽心机建立的晋国，就这样展开了一场权臣争夺最高权力的戏码。

在稳定的社会环境中，处于帝室疏族的司马睿无兵无权，本可以安然了度一生。不过由于生长在动荡险恶的政治环境中，皇族的身份也可能成为被攻击的目标。为了避免祸及己身，司马睿采取恭俭退让的方针，尽量避免卷入斗争的漩涡。不过，也正是因为有这个动乱时机，他也才有了更大的机会。

在洛阳时，司马睿尽量平和处世，与他交往密切的朋友只有王导，也是日后改变司马睿一生的人。那么，这个王导究竟是何许人呢？王导，字茂弘，出身于北方头等士族的琅琊王氏，其祖父王览曾经官拜光禄大夫，显赫多年。父亲王裁官任镇军司马，其族兄是当地公认的名士领袖王衍。这样的家庭环境，使王导见多识广，聪明睿智。在他十四岁的时候，高士张公见了便很赏识他，对他的堂兄王敦说："这个孩子，是将相的才具。"王导世袭祖爵后又被引见为东阁祭酒，迁秘书郎、太子舍人、尚书郎，但他都没有赴任。后

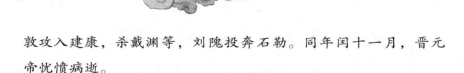

来又做了东海王司马越的幕僚，从而结识了司马睿。

就像吕不韦当初视秦始皇的父亲为"奇货"一样，王导也认为司马睿是自己成功的一个跳板。王导是西晋末年有一定才能的政治家，他预见到天下将要大乱，各地英雄很快就会脱颖而出，因此他开始利用司马睿施展自己的政治抱负，并多次劝说司马睿离开多事的首都回到自己的封国。当然，紧张的司马睿十分赞成王导的主张，但是一直找不到归国的机会。

没有理政的能力的白痴皇帝即位后，朝政一直被他人把持。首先是杨太后的家族人执政，后来被贾后和诸王平息。尔后贾后又开始把持朝政，接着又被诸王所灭。贾后死后，一场新的权力争夺大战，即"八王之乱"揭开序幕。稍微有点能力的诸王都想推翻这个白痴皇帝自立，于是司马衷也成为他们号令天下的旗子、掌中的傀儡。

公元304年，"八王之乱"进入高潮时期，东海王司马越挟持司马衷亲征邺城。当时，坐镇邺城的将军是皇太弟成都王司马颖。不久前，司马颖因击杀执政的长沙王司马乂有功，于是强迫惠帝封他为皇位继承人。在取得了都督中外诸军事、丞相等职务之后，司马颖将皇帝的乘舆服御尽数劫去，并以邺城遥制洛阳。司马颖的横暴和专权，引起了手握兵权人物的不满。尚书令司马越此时正好有惠帝这张皇牌，并乘机以惠帝的名义发布檄书，征召四方军队讨伐司马颖。时任左将军的司马睿奉命参加了这次战争，这一年他二十九岁。

本是族亲的两军为了权力开始了互相攻击。两军在荡阴（今河南汤阴）激战，结果司马越兵败，带领少数人马逃回了自己的封国东海。惠帝以及随军大臣被司马颖劫掠入邺城，司马睿也在其中。不久后，司马睿的叔父东安王司马繇因一件小事得罪了司马颖，惨

遭杀害。这件事对司马睿的影响很大，他清楚地知道这不过是司马颖的一个借口，任何参与征伐的人，都会成为他下一个杀害的对象。所以，他决定从邺城潜逃。一天，他找到一个机会，只身往洛阳的方向逃跑，行至黄河岸边被津吏捕获，险遭不幸，最终脱险。司马睿到达洛阳，马上将家眷接出向琅琊（今山东胶南县）去了。

所谓"塞翁失马，焉知非福"，本来司马睿已经成了俘虏，成了落荒而逃的逃犯，可他的命运却因此而转折，就是因为他回到了自己的封地，才有机会得到王导的辅佐，成为东晋的开国帝王。

大力发展江东

司马睿逃回封地后，由于自己没有兵权又不善征战，同时也需要强大的势力作为后盾，因此他仍然与司马越站在同一战线。但他同时也开始频繁接触王导，并且成为至交。尤其是在后来发展江东的时候，王导更是成为司马睿的左膀右臂，并为司马睿制定了"谦以接士，俭以足用，以清净为政，抚绥新旧"的发展方针。

在江东一隅扩张影响力的同时，北方的政权争夺仍在如火如荼地进行着。西晋的后几个皇帝如同走马灯似的不停更换，却没有一个人可以力挽狂澜，西晋的末日已经越来越近了。

公元310年，与西晋进行斗争的匈奴汉政权最高首领刘渊病死，于是，他们内部又发生了争夺最高权力的斗争，让疲于应战的西晋王朝得到了暂时的缓解。然而，好景不长，仅仅几个月后，夺得王位的刘聪重新调遣大军进攻洛阳，并命令在黄河下游流动作战的石勒率军配合，洛阳又一次陷入了危机，西晋王朝再一次濒临灭绝的境地。晋怀帝司马炽传檄哀告各地方镇发兵救援，可是，各地方军都各怀鬼胎，谁都不愿意贡献自己的力量，等了好久，始终未见一路救兵到达洛阳。朝臣议论纷纷，要求迁都以避兵难。

当时，镇东将军、都督扬州诸军事的周馥从寿春（今安徽寿县）上书给怀帝，建议迁都到寿春。手掌政权的司马越自然不会允许周馥等人将"号令天下的皇帝"从自己手中夺走。于是，大敌当前，他一面出居许昌，一面北调周馥。周馥素来对司马越专权不满，这次自然不会承命。淮南太守裴硕奉司马越密旨偷袭周馥，失败后逃到东阿，向司马睿告急。司马睿早就对他督区之内的这支异己力量耿耿于怀，乘势派出部将甘卓、郭逸等人协助裴硕攻打周馥。周馥在项城（今河南沈丘南）被俘，忧愤而死。此后，司马睿控制了与建邺毗邻的淮南一带，江南政权的割据范围得到进一步扩大。

西晋皇族的地方军各地拥兵自重，朝廷内部又爆发了新一轮的战争，终于让衰弱的政权慢慢走向了灭亡。

公元311年，在混战中落败的司马越病死在项城，其党羽王衍奉丧还葬东海。被司马越留在洛阳防察宫省的何伦等人，也离城准备回到司马越的封地，许多达官贵人纷纷追随而行。不久，困守孤城的晋怀帝接受青州都督荀晞的邀请，准备迁都仓垣。一时间，洛阳上下，人心惶惶，很多人都因害怕即将到来的战乱而迁往他处。

晋怀帝当时也想随百官出逃，可是准备动身时，竟然连个卫队也找不到了，朝廷的官员更是十不存一。孤身上路的晋怀帝刚走出不远，就遭到盗贼的洗劫，不得不返回宫中。不久刘曜、王弥、石勒的联军攻陷洛阳，将怀帝俘获，并在城中烧杀抢掠，使经过百年努力才建设起来的城市化为灰烬。

逃出洛阳的司徒傅祗、司空荀藩分别在河阴（今河南洛阳东北）和密县（今河南密县）建置了行台。与此同时，大将军荀晞、大司马王浚也在仓垣和幽州等地建立行台。他们各奉一位西晋皇室成员代表中央政府，布告天下。其中以荀藩奉立的秦王司马邺的行台影响较大，他们传檄四方，要求各地方镇出兵支援秦王。

司马越死后，怀帝曾重新对各方镇进行过任命，司马睿被委任为镇东大将军兼督扬江湘广交五州诸军事的职务。而此时的司马睿正忙于发展江东，培植自己的势力，对西晋朝廷的重视不以为意，根本无心西晋的危难国事。

当时，洛阳外流的官僚和士族以及中原地区的人民，为逃避匈奴的杀戮，除一部分以坞堡自守外，一部分北迁辽东、西亡凉州，剩下的皆纷纷南下。为了争取他们的支持，司马睿接受了王导的建议，将这些南迁的人尽数吸收进来，并让他们参与政权。

司马睿性格温和，没有魄力，但却是个能够任人唯贤、能听取他人意见的人。他先后委任了很多人担任政权主要官职，并使北方侨人士族在江南政权中居于优势地位。同时，司马睿还在长江南北设置了许多侨置州郡县，安置流亡人口。为了照顾北来侨民暂寓江左日后还乡的情绪，司马睿也没有把他们编入土著民户的永久性户籍——黄籍之中，而是专门为他们设置了一种临时户籍——白籍。白籍侨户受到优待，可以长期享受减免租税赋役的待遇。通过这些措施，司马睿很快取得了北方南迁士族的支持，并使他们成为自己政权的支柱。

尽管司马睿给了南迁士族大量的优惠条件，但还是有一部分大族名士对孤弱的司马睿势力表示失望。有人曾发牢骚地说："我是因为中原地区不安定来此避难的，而这里如此单弱，怎么能保证安全呢？"为此，王导做了大量的交际工作，逐渐稳定了他们的情绪，并让这些人有信心发展江东政权。

在古代社会，人口的增长意味着实力的增强。因此，人口的大量南迁使王导和司马睿高兴不已，他们又把眼光放到扩大地盘上。他们首先指向了扬州。当时，扬州的西部地区属于江州，是晋惠帝元康年间政府分割扬、荆十郡而设置的新州。司马睿的势力向西发

展，必须要实现对江州的控制。但是当时江州刺史华轶自认为受朝廷任命，不愿意服从司马睿的指挥，因此双方关系十分紧张。

司马睿因实力较大而接受盟主的称号以后，并没有去做盟主应该做的事情，对于北方的求援，他根本不做理会，却对华轶加紧了行动。公元311年，他先把部将周访调至彭泽（今江西鄱阳湖北），对江州的治所豫章（今江西南昌市）构成军事压力，继而强令江州改易长吏。遭到华轶的拒绝后，司马睿命令扬州刺史王敦、历阳内史甘卓以及周访等人合兵攻打江州。由于下属的叛变，华轶兵败被杀。与此同时，司马睿还派兵赶走了豫州刺史裴宪，从而将势力范围扩张到了长江的中游地区。

公元312年，正当司马睿为自己的进步有些欣慰的时候，北方传来石勒准备兴兵南下的消息，建邺上下为之震动。当时，石勒在苦县宁平（今河南郸城东）屠戮王衍等西晋大臣后占据许昌。不久后又引军骚掠豫州诸郡，临江而还，屯兵于葛陂。石勒在葛陂修堰筑垒，课农造舟，大有由此渡淮入江、夺取建邺的意图。司马睿采取了相应的防范措施，主力部队全部集中在寿春，任命熟悉水势的南士纪瞻为扬威将军，都督京口以南至芜湖诸军事。幸运的是，接连三个月的大雨让石勒的军队损失惨重。石勒听从谋士张宾的建议，取消南下计划，撤军北上，江东才不至于落入他手，司马睿也才有了偏安之地。

建立东晋

每一次王朝更迭都充满着血腥的味道。在司马睿不断平复东南骚乱的时候，西晋政权也在风雨飘摇中苦苦挣扎。

公元313年，刘聪将俘获的晋怀帝司马炽杀死。不久后，消息传到了长安。已经占据长安的秦王司马邺正式称帝，改元建兴，史称晋愍帝。晋愍帝是西晋少有的有抱负的皇帝，他任命司马睿为左丞相、大都督，负责都督陕东诸军事；以秦州刺史南阳王司马保为右丞相、大都督，负责都督陕西诸军事，这是愍帝对司马睿等人实行的重封。愍帝企图通过这种方式拉拢他们，以调动各地晋军对刘聪、石勒进行军事反击，达到缓解汉将刘曜对长安的围困，进而收复洛阳的目的。但是，司马睿以"方平定江东，未暇北伐"为由，再一次拒绝愍帝让他进攻洛阳的诏书。

此时，居住在京口（今江苏镇江）的军谘祭酒祖逖上书司马睿，坚决要求出师北伐，这使司马睿左右为难。因为在江南建立起一个偏安的小朝廷，是司马睿和王导的共同理想，所以他们无意于北方。但是他们又不愿意直接拒绝祖逖的要求，而激怒一部分有着光复中原志向的南渡北人。最后，司马睿只得对祖逖采取敷衍的态度，一方面同意祖逖北伐，并任命他为奋威将军、豫州刺史；另一方面他既不供给武器铠甲，也不调拨士兵，只给一千人的粮廪和三千匹布，由祖逖自己去招募军队。

事实上，此时的司马睿确实无暇北顾，在他所统领的地区，尤其是荆州一带一直动乱未平，就连腹心的扬州地区也是麻烦不断。义兴大族周玘曾因平定叛乱有功被封为吴兴太守，但是在"三定江南"中周氏宗族所显示出的强大武力，也引起司马睿的猜忌。所以周玘尽管治理吴兴颇有成效，却一直得不到司马睿的信任和重用，反而还要忍受着司马睿心腹刁协等人的轻蔑，这就使得他羞愤万端，决意反抗。

不久后，周玘联合东吴大族王恢，企图发动兵变把司马睿赶下台，由南士取而代之。然而，密谋却在还未行动时就已泄露，周玘将王恢杀掉灭口。司马睿知道后不动声色，下令征调周玘入建康（愍帝称帝后为避讳由建邺改名）任镇东司马，行壁中途，又改授建武将军、南郡太守。当周圯南行到达芜湖时，司马睿又命他返回建康，改任军谘祭酒。此时，周圯终于明白司马睿是在故意戏弄他，忧愤而死。临死前还特地叮咛儿子周勰为他报仇。

公元 314 年年底，满怀父仇的周勰利用吴人对司马睿政权的不满情绪，与父亲生前旧属徐馥通谋，假借奉在家养病的叔叔丞相从事中郎周札之命，声言起兵进讨执政的王导、刁协等人。周勰的行动，得到了当地土著豪强的积极响应，就连孙皓的族人孙弼也在广德起兵配合。第二年正月，徐馥杀死吴兴太守袁绣开始行动，周札之子周绩随即聚众响应。徐馥想拥护周札为主，但遭到了拒绝。由于叔父反对，周勰不敢贸然行动。

另一方面，司马睿对叛乱决定发兵进讨叛乱，但遭到了王导的反对。王导说："多发兵容易给建康造成空虚，少发兵则不易平乱。不如利用周氏家族内部矛盾，派周札的侄子周莛去处理。"果然，周莛到达义兴后，设计将从弟周绩杀死，并迅速平定了事变。因为害怕周氏宗族在江南地区的声望和实力，司马睿既没有惩办周勰，也没有深究此事。为安抚吴人，他改任周札为吴兴太守，提升了周莛的官职。

公元 315 年，杜弢所领导的流民起义军在与陶侃数十次激战之后，才逐渐占据下风。由于流民起义军伤亡过重，力量不支。杜弢被迫向司马睿请降，但遭拒绝。他又写信给南平太守应詹乞降。在应詹的建议之下，司马睿同意受降。但陶侃等人仍不肯停止对杜弢的攻击，杜弢只得再反。陶侃乘势将其击溃，杜弢败死后，湘州也落入陶侃之手。

陶侃的成功，引起了王敦的注意。王敦自永嘉五年击灭华轶后，一直坐镇江州，主管西线的军事。由于部属陶侃平定荆湘地区流民起义有功，司马睿封王敦为镇东大将军，加封都督江扬荆湘交广六州诸军事、江州刺史之职。王敦开始自行选置刺史以下的官吏，日益骄横跋扈。他乘陶侃在返回荆州将其扣留。王敦改任陶侃为广州刺史，另派其从弟王虞去荆州出任刺史。但是荆州的将吏拒不接受王虞，而要求陶侃返回。王敦想杀死陶侃，但顾虑与陶侃有姻亲关系的豫章太守周访干涉，因此终未动手。陶侃被迫赴广州。到任后，他再一次显示出自己的政治才能，使长期动乱的局面迅速得到安定，巩固了江东政权对这一地区的控制。

就在司马睿一心发展自己的地盘、稳固小政权的同时，西晋也摇摇欲坠。晋愍帝自称帝起，一直陷于困境之中，甚至连盗发汉帝陵所剩的劫余物资也尽纳内府。而汉主刘聪对长安的攻势一直未减，晋愍帝司马邺虽然又晋封司马睿为丞相，并多次乞师救援，但始终未能盼到江南的支援。

公元 316 年，晋愍帝在汉军的重围之下，内外断绝，兵疲粮竭，被迫出降，长安不守，愍帝被俘的消息传至建康，司马睿如果再没有表示，则无法向世人交代。于是，他装模作样地带领将士露宿野营，向四方发布檄文，声称要立即北伐救回愍帝。然而数天之后仍不见有真正的军事行动。最后，为了给自己解脱罪责，司马睿给丞相府的督运令淳于伯栽上"漕运稽期"的罪名斩首。但这种拙劣的欺骗手法难掩他人耳目，一时"百姓喧哗，士女纵观，咸曰其冤"，连司马睿的心腹刘隗也出面为淳于伯鸣不平，要求惩办与此事有关的周莚、刘胤等人。迫于形势，幕后主谋王导只得出面承担责任，请求免职，司马睿也终于承认，冤杀淳于伯是他的过失，但又表示对此案有牵连的人不再追究。

次年二月，弘农太守宋哲逃至建康。宋哲带来了愍帝临降前所写的诏书。诏书同意司马睿代他"统摄万机"，但对司马睿的称帝提出了一个附加条件，即是要他带兵北伐收复旧都，报仇雪耻。诏书含蓄地表露了愍帝对司马睿坐视危亡不救的怨恚和谴责。对此，司马睿的心情十分矛盾与不安。他哭着拒绝了下属要他上尊号的建议，并承认自己是罪人。不过，在经过一番假意推辞之后，他还是接受了晋王的名号。司马睿按照魏晋丞相称王的惯例，"备百官，立宗庙社稷于建康"。

六月，刘琨等一百八十名北方将领联名上书给司马睿，进行劝进。司马睿拒绝了，一则由于愍帝未死，二是愍帝的附加条件对他有很大的压力。恰巧这时，祖逖在收复大片北方领土之后，又在谯县（今安徽亳县）打败石勒大军。司马睿借势传檄天下，声称要派遣儿子司马裒统率三万大军、水路四道，增援祖逖。然而队伍尚未出发，司马裒立即被召回建康。再一次表明司马睿的所谓北伐仍是在故作姿态。

公元316年年底，刘聪将备受羞辱的晋愍帝杀死，司马睿的称帝不再存有任何障碍。司马睿一面假意表示对愍帝的哀悼，一面积极筹划即位前的事宜。这时，南渡的北方大族周嵩上疏，劝说司马睿不要忙于称帝。他认为，司马睿当务之急是出师北伐，"雪社稷大耻"。实际上，他是在要求司马睿履行愍帝诏书的附加条件。上疏后，周嵩很快遭到报复，先是被贬出朝廷改任新安太守，后又以"大不敬"之罪几乎被杀。

公元318年，司马睿名正言顺地坐上了皇帝的宝座，东晋王朝正式建立。这一年，司马睿四十二岁。

忍辱偷生

司马睿能够顺利成为皇帝，排除历史的因素和偶然之外，最大的功臣就是王导。从给司马睿提高威信，到处理政权事务，王导尽心尽力，当然，其目的也是在为自己谋利。

回想自己所走的路，在创业江南的过程中，王导与王敦确实起了很重要的作用。从一个不被人重视的皇亲，到一个威风八面的帝王，司马睿自然知道这一切来之不易。看到百官匍匐朝贺，三呼万岁，他真是无限感慨。此时，他并不是一个寡恩之人，他甚至情不自禁地将身子向左挪了挪，腾出半个御床，用手指王导说道："王爱卿，请到御床上来坐，寡人与卿共享荣华富贵！"众大臣闻听这样的话，无不惊骇异常，王导也惊慌不已。虽然他帮助司马睿也是为了自己的利益，但他根本没想过与司马睿共事天下。他慌忙跪在地上，诚惶诚恐地说道："太阳高悬，才能普照天下，如果太阳跟普通的生物在一起，生物还怎么能得到阳光的照耀呢？"司马睿一听这话，万分欣慰，把王导大肆夸奖了一番，并封王导担任尚书，掌管朝内的大权，又让王敦总管军事。

皇帝与臣子共天下，在整个帝王时期也不多见。当然，这并不是皇帝爱护臣子，更不是帝王的贤明。在司马睿与王氏兄弟合作的前期，两个家族的矛盾并不突出。如果没有琅琊王氏的扶植，子身处于南北士族之间的司马睿毫无存在价值。所以在这一时期，王导、王敦同司马睿是一致多于分歧。在司马睿经营江南小朝廷之始，就形成了司马睿必须在政治上服从王导，在军事上依赖王敦的格局。

司马睿称晋王后，王导又以扬州刺史兼为骠骑将军、领中书监、录尚书事诸职居中执领朝政；王敦以江州刺史兼为大将军、都督江扬荆湘广交六州诸军事等职在外独揽军权。作为皇朝帝室的司马氏不但不能驾驭臣子，反而要受琅琊王氏一家的操纵，可见其作为皇帝的悲哀。

当然，在发展江东的初期，司马睿对他们是言听计从的，但随着司马睿地位的巩固和建康政权统治范围的扩大，司马睿越来越不甘于受王氏兄弟的摆布，史称他推崇"申韩"之说，并把一部《韩非子》送给太子司马绍，希望儿子能懂得自己的用心。此外，他还身体力行，"以法御下，明于黜涉"，与王导制定的"以清静为政"唱反调。同时，他重用刁协、刘隗等人，力图排抑、削弱王氏的势力。

称帝之后，司马睿虽然对王导、王敦加封了官职，但是态度上十分冷淡。凡是重要的军国大计，他不再与王氏商议，而只与尚书令刁协和调外任丹阳尹却仍兼侍中的刘隗密议。在刁、刘二人的策划之下，司马睿制定了一系列限制大族势力、加强皇权的政策。

公元318年，司马睿曾两次下诏整饬吏治。第一次的诏书一面对"清静为政"加以肯定，一面却又表示要惩办不法官吏。第二次下诏时，司马睿的语气十分严厉，除命令各级官吏"祗奉旧宪，正胜明法，抑齐豪强，存恤孤独，隐实户口，劝课农桑"外，还要求"州牧刺史当互相检察，不得顾私亏公。长吏有志在奉公而不见进用者，有以财势自安者，若有不举，当受故纵蔽善之罪，有而不知，当受暗之责"。另外，他还亲自下令处决了桂阳太守程甫、徐州刺史蔡豹等几个违制的官吏，其中程甫是王敦的亲信。显然，司马睿在明暗结合着警告王氏。

对于司马睿的行动，王导早已洞察在心，并很快采取了应对措施。他派遣八部从事巡行扬州诸郡。在听取他们归来的汇报时，王导对顾和的议论大加褒扬。顾和出身于吴郡望族，他反对朝廷对各级官吏所进行的调查，主张"宁使纲漏吞舟，不以察察为政"。这种纵容官吏贪污、豪强兼并的主张正是王导施政的主导思想。王敦的反应远比王导激烈。他写了一封言辞激烈的上疏给司马睿。在上疏中，王敦夸耀他们弟兄在草创东晋政权中的功劳，为王导在朝内所受的冷遇鸣不平，发泄了对司马睿的强烈不满，许多话语充满了威胁与挑衅的味道。

王敦自恃手握强兵，一向不把司马睿放在眼里。司马睿称帝之时，王敦曾有心废他，后因种种原因未能如愿。矛盾激化后，王敦逐渐滋生了取而代之的政治野心。他一直不敢贸然起兵，主要是畏惧两位同样掌握军权的外藩：梁州刺史周访和豫州刺史祖逖。

周访升任梁州刺史是在公元317年。当时在荆州竟陵（今湖北潜江）地区有一支以杜曾为首的武装力量。杜曾曾多次打败过陶侃，并北袭襄阳（今湖北襄樊）、宛城（今河南南阳），使王敦派去的荆州刺史王虞无法进入江陵。时任豫章太守的周访受命救援。在沌阳，周访以少胜多连败杜曾，被封为梁州刺史。公元319年，司马睿以王虞在荆州滥杀引起民怨为由，将其调入建康，改派周访为荆州刺史。王敦害怕周访据大州对他构成威胁，于是自领荆州。当初，王敦惧怕杜曾，曾对周访许愿说，如能擒杀杜曾将荐举他为荆州刺史。就在司马睿调王虞入京之前，周访攻灭了杜曾，但王敦并不履行诺言。周访对出尔反尔的王敦非常气愤，因此他在襄阳努力务农训兵，休养生息，伺机对王敦进行打击。

祖逖北伐开始后，不断积蓄力量，陆续降服了许多中原割据武装，黄河以南的土地皆归晋有。祖逖兵马强盛、粮储丰足，准备北上继续收复西晋失地，他的威望也渐渐增强，虽然他的兵力全部集中在北方前线，但是其实力和影响却对王敦有着巨大的震慑力，使得王敦不能不有所顾虑。公元320年，周访病死。王敦也因此消除了一块心病，于是起用沈充、钱凤等人积极谋划起兵前的部署。

与此同时，司马睿一面继续排斥王导，削弱他的实际权力；一面努力布置对王敦的防范。他拒绝王敦以沈充为湘州刺史的请求，派遣宗室谯王司马承出镇湘州。临行前，司马睿对叔父讲，王敦图谋不轨已经公开暴露，惠帝受制于强臣的命运，离自己不会太远了。湘州据大江上游，控驭荆交广三州，位置十分重要。他希望叔父去那里能够牵制王敦的行动。

　　由于东晋政府的绝大部分军队皆掌握在各地的外藩手中，司马睿迫切需要扩建能为自己所用的军队来对付王敦。公元321年，在刁协的建议下，他下诏调发沦落到扬州地区为奴或者为客的北方平民，免除他们的奴客身份，编入兵籍。司马睿将他们分别配到亲信刘隗和戴渊所统领的军府。

　　当年七月，司马睿封尚书仆射戴渊为征西将军，都督司、兖、豫、并、冀、雍六州诸军事，司州刺史，镇合肥；以丹阳尹刘隗为镇北将军，都督青、徐、幽、平四州诸军事，青州刺史，镇淮阴。戴、刘二人随即领兵出镇，名义上是对付北方的少数民族，实际上是司马睿在继司马承出镇湘州后的另一防范王敦的重要军事部署。

　　在戴渊为都督的四州中，也包括祖逖所在的豫州。这是因为祖逖从淮阴率军进入豫州境内后，进军顺利，使石勒不敢窥兵河南。可是，形势稍有所缓和，司马睿的猜忌病却犯了，生怕祖逖有了兵权后会造反。于是司马睿派自己的亲信戴渊统管北方军政，牵制祖逖。所以祖逖要进军河北时，受到了戴渊的反对，祖逖知道北伐胜利无望，抑郁成病，公元321年九月，病死在雍丘。祖逖之死使王敦如释重负，他可以毫无顾忌地发动兵变了。

　　公元322年，王敦以诛刘隗为名，从武昌起兵向建康进攻。在王敦为刘隗开列的大量罪状中，最主要的一条就是征奴为兵。显然，王敦想以此争取大族的支持。王敦声言，他身为宰辅，不能坐视刘隗误国。他还指斥司马睿"弃忽忠言，遂信奸佞"，并表示不杀刘隗绝不罢兵。在王敦起兵的同时，他的心腹沈充从吴兴起兵进行响应。王敦兵临芜湖时，司马睿装腔作势地发表了一篇诏书："王敦竟然如此狂逆。简直是可忍，孰不可忍！我要亲率六军，以诛大逆。有杀王敦者，封五千户侯。"

同年，司马睿征调戴渊、刘隗等人保卫建康。王导率子侄二十一余人请罪。司马睿非但不怪罪，反而加意劝慰、笼络，并以王导为前锋大都督、戴渊为骠骑将军，命刘隗率军守金城，右将军周札率军守石头城。皇帝披甲戎装，亲率军队驻于郊外。但王敦率叛军一路势如破竹，很快打到了石头城下，守将周札开门投降，王敦不费吹灰之力就占了石头城。后来有几位大将也都先后去攻夺石头城，但都以失败而告终。最终，司马睿只得请和，忍着怒气给叛军首领加官晋爵，王敦却辞而不就。

后来，王敦又想废掉太子，百官都不同意，只好暂时作罢。接着王敦将周札、戴渊杀死，把司马睿软禁在宫中，也不朝见司马睿，就回到武昌，遥控朝政，为所欲为。王敦自领宁、益二州都督，并以王邃为都督，镇守淮阴；以王含为荆州刺史将东晋的军事大权都掌握在了自己手里。司马睿眼睁睁地看着王敦飞扬跋扈，逼辱朝廷，却无可奈何。

公元 322 年，忧愤成疾的司马睿去世，其子司马绍嗣位，史称晋明帝。明帝即位后，依靠其他大族的支持，将第二次起兵企图篡夺帝位的王敦击败。

■ 相关链接

闻鸡起舞

祖逖小时候性情豁达、狂放，但是不太喜欢读书，一直到十四五岁时还没有开始读书。他的哥哥们都很优秀，看到弟弟这样每天混日子，都替他发愁。然而，祖逖为人十分大方，每当见到穷苦的人家，他就以哥哥的名义散发谷物或布匹来救济穷人，因此乡里的百姓都很敬重他，并不觉得他无所事事，反而觉得他大器晚成。

　　祖逖有个好朋友叫刘琨，两个人志同道合，感情很好，经常在一起讨论问题，有时候谈到国家大事，两个人往往会谈到深夜。

　　有一天夜里，正当他们睡得正香的时候，突然外面传来一阵鸡叫的声音，把祖逖惊醒了。祖逖猛地坐起来，往窗外一看，一轮圆圆的月亮还挂在天边，东方还没有发白。

　　按照当时迷信的说法，在半夜鸣叫的鸡是荒鸡，荒鸡的叫声是不吉祥的。可是，祖逖根本就没有往吉祥不吉祥上去想。他听到鸡叫后，就踢醒刘琨，嘴里喊着："起床了！快起床！"

　　刘琨此时正在做着美梦，迷迷糊糊的，忽然一下子被祖逖叫醒，以为发生了什么事情，一边揉着眼睛一边赶忙问："怎么了？怎么了？"祖逖说："你听，鸡叫了！"刘琨一听，原来如此，就不以为然地说："深更半夜的，那鸡叫是不吉祥的，快睡觉吧！"祖逖似乎没有听到他的话，继续说："那鸡叫的声音多么洪亮啊，根本不是不吉祥，那是在督促人们早点起来奋发图强！"听了这句话，刘琨的睡意全没有了，脸一下子红了，心想，是啊，我都好久没有练剑法了，那只鸡似乎是在催我们早起练武啊。

　　他们两人再也睡不着了，于是他们起床下地，开始一心一意地练起剑法来。皎洁的月光洒在大地上，微风徐徐吹过，似乎在夸奖这两个年轻人：好样的，现在练好本领，将来好为国家出力！

　　祖逖的努力果然没有白费。后来他招募了不少战士，他们英勇作战，收复了长江以北黄河以南的大部分地区，因此得到了广大人民的衷心拥护。但是，他的胜利和他在人民中的威望，引起了统治者的猜疑。祖逖看到朝廷不信任自己，内心十分痛苦，最终在忧愤中死去了。祖逖的死讯传出，豫州人民痛哭流涕；谯梁百姓自发为祖逖修建祠堂，纪念这位热爱祖国、热爱人民、不畏强敌、百折不挠的爱国名将。后来，东晋朝廷追赠祖逖为车骑将军。

"闻鸡起舞"这个成语也就流传了下来，我们用它来比喻志士及时奋发。

隋文帝杨坚

　　隋文帝杨坚（541～604年），汉族，弘农郡华阴（今陕西省华阴县）人，隋朝开国皇帝。其父杨忠是西魏和北周的军事贵族，北周武帝时官至柱国大将军，封为隋国公，杨坚承袭父爵。公元581年，北周的静帝以杨坚众望所归下诏宣布禅让。杨坚登基称帝，定国号为大隋，改元开皇，宣布大赦天下。

　　杨坚称帝后，于开皇七年（587年）灭后梁，一年后下诏伐陈。开皇九年（589年）灭南陈，统一了中国，结束了西晋末年以来近三百年的分裂局面。同年琉球群岛归降隋朝。隋文帝结束了中国长期混乱的局面，使中国又回到了和平年代。

外戚建隋

　　公元578年6月，周武帝驾崩，宣帝宇文赞即位。杨坚的长女杨丽华做了皇后，杨坚升任上柱国、大司马，掌握了朝政大权。加上年少的皇帝比较昏庸荒淫，在群臣中没有威信，于是，杨坚就有了取而代之的打算。

　　周宣帝日夜享乐，为了满足自己的欲望，不顾朝臣的反对修建洛阳宫，致使上下怨愤，杨坚便开始做取代周室的准备工作。有一

次，杨坚与好友宇文庆谈论时政，预感到北周的统治即将结束，对可能出现的动乱局面进行了充分的估计，并且开始更积极地树立自己的形象和巩固自己的实权。

杨坚的行动曾引起周宣帝的警觉，甚至想杀掉杨坚。但杨坚始终不动声色，周宣帝找不到借口，也不愿意随便杀死自己的岳父，因此，稍微放松了戒心。而事实上，杨坚对周宣帝的猜疑深感不安。为了逃避周宣帝的猜疑，并准备趁北周动乱培植势力，杨坚决定暂时离开朝廷，到地方上去掌实权。于是他把这个想法告诉了自己的朋友内史上大夫郑译。

公元580年，周宣帝决定南伐。郑译便趁机向皇帝推荐了杨坚，由于皇帝对郑译向来都很信任，于是就任命杨坚为扬州总管。但是，还没有等出征，周宣帝就病重，紧急召见小御正刘防、御正中大夫颜之仪，准备托以后事。二人到时，周宣帝已经不省人事。宣帝的长子宇文阐才八岁，根本没有当皇帝的能力。刘防为以后飞黄腾达，便找来郑译商议，共同拟定一个假诏书，声称周宣帝遗嘱，传位于宇文阐，即周静帝，并尊杨坚的女儿杨丽华为皇太后，让杨坚以皇太后父亲的身份总揽朝政，辅佐周静帝。宣帝死，刘、郑等人暂不公开，首先由杨坚总管中外军事大权。杨坚又以诏书的名义控制了京师卫戍军队，基本控制了朝廷。

对于伪造诏书一事，杨坚实际上并不太同意，因为他觉得时机还不够成熟，并找来庾季问天时人事，又在将门虎女独孤夫人的劝说下，杨坚才下了决定。于是三天后，杨坚等人才正式宣布宣帝驾崩的消息，八岁的静帝即位，以杨坚为假黄钺、左大丞相，掌握军事、政治大权。杨坚深知自己的地位还不巩固，需要采取一系列措施。

首先是建立自己的统治核心。杨坚启任丞相，设丞相府，又拉

拢具备政治才能的高敏等人作为自己的亲信。丞相府实际上已取代朝廷成为真正的决策机构。杨坚利用掌握军权的司武上士卢贲，用军队的力量暂时压服了尚未完全清醒过来的朝廷百官。

接着除掉皇室宇文氏的势力。杨坚初执政时，周宣帝的弟弟宇文赞仍以皇叔身份居上柱国、右大丞相职，在朝廷中与杨坚平起平坐。杨坚指使刘昉把他劝回家中，不要过问朝政，答应以后由他做皇帝，只需在家里等。宇文赞年轻无才，信以为真。于是杨坚排除了皇室中潜在的干扰。

但这时真正的威胁是已经成年并各居藩国的宇文泰的五个儿子。他们既有实力，又有影响，一旦起兵，杨坚根本无法控制。在还没有公开宣帝的死讯时，杨坚便找借口召他们回到长安，收缴了他们的兵权印符。宇文泰的五个儿子与雍州牧毕王宇文贤联系，请他起兵，但宇文贤很快就被杨坚击败。杨坚明知是宇文泰的五个儿子从中捣鬼，却假装不知，并允许他们剑履上殿，入朝不趋，以此安定他们。宇文泰的五个儿子看到外面指望不上，便寻找直接刺杀杨坚的机会。不料刺杀未遂，反而被杨坚一一歼灭。然后，杨坚宣布废除周宣帝时的严刑峻法，停止营建洛阳宫，以此取得臣民们的广泛支持。这样，杨坚在京师的统治已基本稳固。

紧接着，杨坚一方面利用自己已经取得的政治优势拉拢地方将领，对反对者进行分化瓦解；另一方面，投入自己所能控制的全部军队，经过半年的战争，地方武装反抗被全部平定，杨坚控制了北周政局。

从辅政之日起，杨坚要做皇帝已是公开的秘密。在平定武装反抗的过程中，杨坚又为自己做皇帝采取了一系列措施：宣布自己由左丞相改任大丞相，废左、右丞相设置，不久改称相国；让长子杨勇出任洛阳总管、东京小冢宰，监督东部地方势力；杨坚由随国公改称随王，以二十州为随国，封独孤氏为王后，杨勇为世子，随王位在诸侯王之上；为进一步削弱宇文氏的影响，废除宇文氏对汉人的所有赐姓，恢复各自的本姓，这一措施得到汉人的普遍拥护。

公元580年底，杨坚做皇帝的准备工作已基本完成。公元581年，杨坚派人让周静帝写退位诏书，内容极力称赞杨坚功德，希望杨坚按照舜代尧、曹丕代汉献帝的典故，接受皇帝称号，代周自立。诏书由朝廷大臣捧着到随王府送给杨坚。杨坚假意推辞，经过朝廷百官的再三恳求，杨坚才同意接受。仪式结束，杨坚穿戴上皇帝的龙袍，在百官簇拥下坐上皇帝的宝座。

杨坚由继承父亲的随国公起家，进称随王，故把自己新王朝的国号定为"随"，但又觉得"随"字有走字旁，与"走"同义，不太吉利，就改"随"为"隋"，改元"开皇"，定都长安，史称隋文帝。

杨坚称帝后，天下并完全未统一，经过几年战争，终于统一了全国。

突厥原是活动于中亚一带的游牧民族，后来东迁，活跃在蒙古草原。在北齐、北周时，突厥经常侵扰内地。杨坚初执周政时，采取和亲政策，努力缓和双边关系。杨坚代周后，突厥大举南侵，攻掠甘肃和陕北一带，被杨坚派河间王杨弘、高颎等在公元583年率兵击败。为阻止突厥南下扰民，杨坚多次征发民众大修长城，并加强防御。后来，突厥分裂为东突厥和西突厥，西突厥向西面发展，东突厥接受隋朝的控制，北部边防渐趋巩固。

对长期依附北周的后梁，杨坚开始时采取笼络政策，当经济和军事实力有较大发展并对统一江南做好了准备后，杨坚就不能容忍在自己的疆域内再存在独立王国。公元587年8月，杨坚邀请后梁帝萧琮到长安，借机派兵灭掉梁国。

杨坚建隋后，开始做统一江南的准备。在巩固了内部、缓和了与突厥的矛盾和灭梁之后，公元588年秋，杨坚发兵50多万，东起海滨，西至四川，在整个长江沿线水陆并进，向陈国发动大举进攻。这时，陈国兵力不过数十万，而君臣仍生活在花天酒地之中。面对隋的全面进攻，陈后主陈叔宝及文武百官全部做了俘虏。晋武帝之后，二百多年的分裂局面终于结束，全国再次统一。

加强中央集权

杨坚在天下基本稳定、政治机构完善后，接受大臣的建议，采取了一系列改革措施，进一步巩固自己的皇权。

●创立科举制度

隋朝开国之前，选拔官吏采取的是九品中正制，做官要凭门第，仕途几乎完全为门阀世族所把持。在隋朝以前，国家的官职一般都是世袭制，剩下的也都是王公大臣所举荐的人才。贫民寒士即使再有能力也是入仕无门。像诸葛亮一样被三顾茅庐请用，如王猛一样被苻坚重用者毕竟是少之又少。

公元587年，杨坚废除了九品中正制。规定每州每年要推荐有才学的贡士三人，推荐的标准是文章华美，并需经过特别考试。公元599年，杨坚又命令，凡是京官五品以上、地方官总管刺史，要以有德、有才二科举人。把德和才结合起来，通过考试的办法来选拔人才，担任官吏。到了隋炀帝时，开始设立十科举人，其中有"文才秀美"一科，即进士科，考试以诗赋为主。进士科的设置，标志着科举制度的确立。

隋朝设立了比较固定的举科，有秀才、明经、进士三科。考试过了第一关，就获得明经、进士出身，也就是取得了当官的资格。之后还要通过"身、言、书、判"的考试内容，合格者依据当年各个部门、各个州县缺官的情况，任命为官员。以后再依据政绩加以提拔。

科举制度把读书、应考和做官三者联系起来，这就使得无论是官宦子弟，还是贫寒子弟，都可以通过读书、考试，获得做官的机会。这种用考试选拔官吏的制度，吸引和争取了真正的人才为隋朝工作。科举制的创立，为平民百姓开辟了入仕的途径，对于巩固和加强封建专制的中央集权制度起着很大的作用。科举制度大大加强了中央政权的权力，巩固了中央集权的统治。

●五省六部制

杨坚即位后，废除不合时宜的北周六官（天、地、春、秋、冬、夏）制，恢复了汉魏时期的体制，基本上确立了三省六部制度。在中央设立三师、三公、五省。三师、三公只是一种荣誉虚衔。掌握政权的是五省，即内侍省、秘书省、门下省、内史省和尚书省。内侍省、秘书省在国家政务中不起重要作用。内侍省是宫廷的宦官机构，管理宫中事务。秘书省掌管书籍历法，事务较少。而内史省、门下省、尚书省都是最高政务机构。以尚书令、纳言、内史令为长官，行使宰相职能，辅助皇帝处理全国事务。内史省负责决策，门下省负责审议，尚书省负责执行。这就是后来被唐朝继承的三省制。

尚书省是国家最高行政机关。其下设吏部、礼部、兵部、都官、度支、工部六部。每部设尚书为长官，总管本部政务。吏部，掌管全国官吏的任免、考核、升降和调动；度支，掌管全国的土地、户籍以及赋税、财政收支；礼部，掌管祭祀、礼仪和对外交往；兵部，掌管全国武官的选拔和兵籍、军械等；都官，掌管全国的刑律、断狱；工部，掌管各种工程、工匠、水利、交通等。开始的时候，六部叫做六曹，即六个办事机构。六部的长官为尚书。六部的设置成为后代封建国家中央政权的固定制度。三省六部制分工明确，组织严密，加强中央集权。

内史省和门下省是机要之司，内史省负责起草并宣行皇帝的制诏；门下省负责审查内史省起草的制诏和尚书省拟制的奏抄；尚书令下有尚书左、右仆射各一，左仆射判吏、礼、兵三部事，右仆射判度支、都官、工部三部事。尚书令与左、右仆射及六部尚书合称"八座"。开皇三年（583年），改度支为民部；都官为刑部。

另设御史、都水二台，负责监察和水利，这样不仅加强了中央集权，而且开创了中国封建社会政治体制的新阶段。隋文帝建立的这一整套规模庞大、组织完备的官僚机构，表明封建制度已发展到成熟阶段。自隋定制，一直沿袭到清朝。

●改革法律制度

杨坚不仅在科举制度上迈出了较大的一步，同时，对于法律，杨坚也进行了卓有成效的改革。唐朝时期制定的法律，只是将顺序颠倒过来，从轻到重，内容基本上继承隋朝，没有改变。流传至今最完整的是《唐律疏议》，代表了唐律，而它就是由杨坚《开皇律》演变而成的。杨坚对于我国古代法制建设做出了重要贡献。

北周的法律既混乱又残酷，杨坚在辅佐周静帝时，革除了周宣帝的一些暴政，将《刑经圣制》改作《刑书要制》，用法宽大了许多，但还不太彻底。隋朝建立后，他在下令制定《开皇律》的时候，将"以轻代重，化死为生"作为指导原则，并将原来的枭首（即砍下头悬挂在旗杆上示众）、车裂（即五马分尸）等残酷刑法废除，保留了律令五百条。而刑罚则分为死、流、徒、杖、笞五种，基本上完成了自汉文帝刑制改革以来的刑罚制度改革历程，这就是封建五刑制。死刑只分绞、斩二等；流刑分一千里、一千五百里、两千里等；徒刑分一年、一年半、两年、两年半、三年半等；杖刑分杖六十至杖一百五十等；笞刑分笞十至笞五十五等。此外，又有"十

"恶"不赦：即谋大逆、谋叛、恶逆、不道、大不敬、不孝、不睦、不义、内乱等，凡有犯此罪的人均不赦免。

公元 586 年，杨坚又下令废除孥戮、连坐之法。孥戮之法，始见于《汤誓》，连坐创自商鞅，这是两种十分野蛮残酷的刑法，到隋朝全被废除。公元 592 年，杨坚又下诏：死罪囚必须报经大理寺复审，各州县不得自决死罪，不得在当地处决。同时又规定，死罪须经过三次奏请，才能行刑。民众有冤屈可以逐级上诉，直至诉至朝廷。

杨坚统治前期，运用法律时也是"官严民宽"，对各级官吏往往小罪重罚，可以不依法律，在朝堂上任意诛杀。而对民众犯罪，却很宽容。杨坚认为，官吏负有治国安民的责任，拿着国家俸禄，知礼知法，如渎职犯罪，必须严处。平民一年四季，耕作劳苦，自食血汗，知礼知法的人不多，犯罪可以从宽。杨坚晚年，对待官吏更严，诛杀尤甚。

杨坚不仅是对官吏极其严厉，就是对自己的儿子也是一样。"王子犯法，与庶民同罪"，尽管这话说了几千年，真正做到的皇帝却为数不多，杨坚却是此中的一个。杨坚"法不恕子"的故事在今天仍然流传着。

杨坚的第三个儿子杨俊，十一岁立为秦王，十二岁拜上柱国、河南道行台尚书令兼洛州刺史，后官至并州总管。杨俊身为皇帝的儿子，却发放高利贷压榨百姓，生活极其奢侈，违越典章，私自模仿皇宫建造自己的宫殿，还用外国进贡来的香料涂墙壁，用美玉、黄金装饰台阶，真可谓金碧辉煌。此外，他还到处搜罗美女，供其淫乐。公元 597 年的一天，杨俊有一姓崔的妃子，因妒生恨在瓜中置毒，送给杨俊食用。杨俊吃后，中毒病倒，被召送京。杨坚派人调查，弄清情况，当下大怒，将杨俊免官。

●改革兵制

杨坚在改革刑律的同时，对兵制也进行了相关的改革。魏晋以后实行坊兵制，其特点是士兵以战争为职业，完全脱离生产。而隋朝改为府兵制，府兵来源于农民中的强悍者，免其租税，平时从事生产，农闲时进行军事训练，战时由邻居六家供给军需。府兵自立军籍，不入员籍，不属州县，可以随时调发，家属也随营居住，不入民户，随军流移。

公元590年，杨坚对府兵制又进行了重要改革，规定军人和家属都隶属于州县，垦田和户籍与一般农民一样，也可按"均田令"分得土地。这样，军人和家属就有了固定的居所，可以从事农业生产。军人仍旧保留军籍，属于军府统领。军府是府兵制的基本组织单位。隋制设立十二卫，即左右翊卫、左右骁骑卫、左右武卫、左右屯卫、左右御卫、左右候卫，各卫置大将军，为府兵的最高将领，总统于皇帝，各卫下辖军府。

杨坚改革后的府兵制，把兵制和均田制两相结合起来，改兵农分离为兵农合一，寓兵于农，平时生产，战时打仗。既增加了农业生产劳动力，又减少了军费开支。这样既能保障士兵的正常农业生产，也能保证在战时迅速调集军队。因此，府兵制在中国古代军事史上具有重大的意义。

杨坚在其统治时期，大刀阔斧地进行了政治、军事和文化等方面的改革，大大增强了隋朝的经济实力。在接手一个混乱的政权后，杨坚能够迅速调整其结构模式，使人民过上相对富足的生活，与其所进行的一系列改革有很大的关系。作为一个封建王朝的开国皇帝，杨坚在这方面所做出的贡献，是值得肯定的。

诛杀功臣，崇尚迷信

杨坚代周建隋，北抚突厥，南灭陈国，完成全国统一，在政治、经济等领域进行一系列成功的改革，是一个很有作为的皇帝；另一方面，杨坚猜疑、苛察、喜怒无常，并且迷信佛道、废除学校，对社会发展产生不好的影响。

杨坚使用了阴谋诡计，由独揽朝政发展为取周自代。因此，杨坚也把它作为教训，在避免使宗亲、亲信把持大权的同时，极力加强自己的专制统治，对朝廷百官，特别是功勋卓著的大臣，时刻保持高度的警惕，对他们的言行密切注意，唯恐他们也采取同样的手段，颠覆自己苦心经营的杨家天下。

开国初期，杨坚成功地排除了立下汗马功劳、但实际没有治国能力的刘防、郑译等人，使用了苏威、李德林等一批真正能帮他治国的人才。文帝巩固统治时所重用的文臣武将都获得了高官勋爵，但他们又引起了杨坚的猜疑。至杨坚晚年，开国功臣、平定三方武装反抗的地方将领、南平北抚的文武大将、帮他在中央主持一系列改革的重臣，已所剩无几，或遭杀戮，或被废弃，都成了杨坚猜忌下的牺牲品。

北周旧臣梁睿，在征讨王谦时立下大功，出任益州总管。但因为他在益州颇得人心，杨坚就怀疑他有地方割据的意图。梁睿也深知杨坚怀疑自己，就主动辞去益州总管的职务，到长安去做京官，接受杨坚的直接监督，终因招致非议，被免官。

王世积也是北周官僚，在平尉迟迥和灭陈时，数有大功，进位上柱国。王世积亲眼看到许多功臣被杀，从此嗜酒如命，不参与任何政事。公元599年杨坚征辽东，王世积的一个亲信皇甫孝谐犯罪，被官府缉捕，投奔王世积，王世积没有接收。皇甫孝谐被捕，并被发配边疆。为报复王世积不肯包庇，皇甫孝谐诬陷王世积谋反，杨坚明知并无任何根据，仍下令处死王世积。

高颎与杨坚的关系非同一般。高颎的父亲本是独孤信的部下，被赐姓独孤氏。杨坚的妻子是独孤信的女儿，因此杨坚和高颎的关系一直十分融洽。杨坚在实施废周静帝自立为帝的过程中，高颎更是为其鞍前马后。杨坚做皇帝后，高颎被任命为尚书左仆射，在政治、经济改革方面的许多重大决策都是由高颎提出。高颎是杨坚最得力的助手。杨坚对高颎也非常信任，常把高颎比作镜子，说他可以矫正自己的过失；有人说高颎的坏话，杨坚一律不听，甚至治告状者的罪；杨坚对高颎封官职、晋爵位都到了极限，赏赐的财物更是无数。杨坚晚年对长子杨勇越来越不满意，准备把帝位传给次子杨广。高颎却反对废杨勇而立杨广。杨坚为削弱杨勇的力量要从东宫挑选卫士，高颎不同意。因为杨勇的女儿是高颎的儿媳妇，若杨勇继位，高颎就是地位显赫的皇亲国戚。杨坚认为高颎坚持让杨勇做皇帝并为其着想实是想效仿自己代周的办法取代隋朝。不久，杨坚以别人告高颎谋反为由将其贬为平民。

杨坚不仅提倡佛道，对当时民间流行的各种迷信他都十分相信，包括山神、土地、河海龙王等，甚至对各种妖怪也不怀疑。杨坚的妻子独孤氏和杨素的妻子郑氏都得了病，医生认为这是有人故意利用猫妖作怪，杨坚对此专门下了诏书：凡有意饲养并利用猫妖等怪物而害人者，一律流放边境。

当上皇帝的第二年，杨坚就嫌旧长安规模太小，且宫中又常闹鬼，下令在旧城西北修筑新都城，同年底完工。因杨坚最早的封爵是大兴郡公，新城便被命名为大兴城，皇宫称大兴宫，主要宫殿称大兴殿。

猜疑功臣使隋文帝失去了大批可以利用的臣僚，崇尚迷信又招来许多专事献媚的小人，大兴土木开奢侈之风，劳民伤财。隋文帝的晚年虽是隋朝盛世，但潜在的社会危机已露出端倪。

并称"二圣"的女王——独孤伽罗

在中国两千多年的封建历史中,只有杨坚和明孝宗两位皇帝不设姬妾,仅皇后一个配偶,皇后独孤伽罗就是其中的幸运儿。

隋朝文献皇后独孤氏,名伽罗(543~602年),云中(今大同)汉化鲜卑人,北周大司马独孤信之七女。独孤信为网罗杨坚为党羽,故将伽罗许配为婚,时年十四。后来,在周隋交替之际,独孤伽罗纵横政坛,全力出击,为丈夫,也为自己赢得了一个王朝,隋文帝即位之后,作为政治搭档,和隋文帝并称"二圣",对隋朝开皇年间的政治影响无论正面和负面都很明显。

隋文帝杨坚四十岁时,母仪天下的独孤皇后已三十七岁,而她的姐姐和女儿早已先于她做过皇后了。她从皇夫那里要来后宫大权,整饬了宫内体制,废除三妃六嫔,不允许任何女人亲近皇帝。所以杨坚的五子五女全是独孤伽罗所生,平定尉迟迥之乱后,尉迟迥的女儿作为罪犯被没入宫廷,隋文帝有一次偷偷地和这个女人发生了关系,独孤皇后知道后,立即派人乱棍将其打死。隋文帝下朝后知道事情暴露,骑上一匹马连夜逃跑,躲进了终南山的一个寺庙中,由于国不可一日无君,高颎等人劝杨坚回宫,杨坚哭哭啼啼地说:"朕贵为天子,而不得自由。"可是他并没有争取到纳妾的自由,还是乖乖地回到了宫中。从此以后,独孤后的控制更严密了。文帝上朝时,她与帝同辇而进,在幕后注视着朝堂的一切,等候其退朝之后又一起回宫。每当与隋文帝议论国家大事,看法往往不谋而合,故而宫中称两人为"二圣"。

　　独孤伽罗作为皇后是很合格的，她尊礼长辈，官员的父母都得到她的礼遇；她禀性节俭，将宫中买珠宝的钱拿来犒赏将士，自己宫里要找一点多余的服饰都找不到；而且她还是个虔诚的佛徒（杨坚由尼姑养大，而"迦罗"一名本就出自梵语），每逢处决犯人的名单报上来，她总要涕泪交流，恳请杨坚谨慎决狱，这时候完全瞧不出替丈夫下代周灭宇文皇族时的狠辣决心了。当时突厥与隋贸易，有明珠一盒，价值八百万，幽州总管殷寿让她买下，她婉言谢绝地说："如今戎狄屡次侵犯，将士征战疲劳，不如将八百万奖赏有功之士为佳。"此举立刻朝野传闻，受到百官称赞。大都督崔长仁是文献皇后表兄，触犯国家王法，按律当处以斩刑，隋文帝看在皇后情面，有意赦免其罪。皇后进谏说："国家之事岂可顾私。"于是将崔长仁处死。皇后异母兄弟因滋酒逞凶残害百姓，曾受过皇后指责，故而怀恨在心，常以猫鬼诅咒皇后，按律当斩。结果事发，杨坚怒气冲冲地要把这个不识相的舅子杀掉。独孤皇后得到消息，整整绝食三天，非要保住弟弟的性命不可，最后其异母兄弟逃出生天，只判了个流放。

　　独孤皇后不只是管住皇夫不近女色，为了国家利益，她还强力干涉儿子和大臣们的感情生活。

　　独孤皇后为太子杨勇选定了元氏之女为太子妃，按照仪制另立云氏之女为昭训。元妃生性温婉贤淑，端庄有礼，独孤皇后认为她十分适合做母仪天下的皇后，因而对她颇为器重；云昭训却是一个活泼乖巧的女子，相貌俏丽，楚楚动人，独孤皇后却嫌她失于轻佻，立她为昭训本有些勉强，按她的意思是让太子尽量少接近云氏。然而，太子对元妃更多的是敬重，而对云昭训却十分宠爱，独孤皇后听到风声后，心中大为不悦。

因此晋王杨广乘虚而入，他装出一副节俭仁孝、不好声色的样子，广泛结交大臣，处处讨好母后。独孤皇后见杨广努力按自己的要求行事，心中十分喜欢，她对隋文帝说："广儿大孝，每听到我们派遣的使节到他的守地，他必定出城恭迎；每次谈到远离朝廷、父母，他都悲泣伤感；他的新婚王妃也可怜得很，广儿忙于政务根本无暇顾及她，王妃常常和婢女们同寝共食，哪里像勇儿与云氏，终日设宴取乐。勇儿真是亲近了小人啊！"由于杨广的有意图谋和独孤皇后的评价，杨勇的太子地位变得岌岌可危了。

事情不凑巧，由于太子处境困窘，心存大志的元妃为他担心焦虑，偏偏太子自己却不把这事放在心上，元氏终于抑郁成疾，离开了人世。昭训云氏对政事毫不关心，她只沉醉于儿女之情，因此很讨杨勇的欢心，两人卿卿我我，形影不离，在元妃死后不久，生下了小王子。本来元妃的死就让独孤皇后耿耿于怀，如今太子又违反了她所订下的规矩——"后庭有之，皆不育之，示无私宠"。因此，偏妃生子成了太子杨勇的罪孽，使皇后对他大为不满。

这时，正好晋王杨广入京晋见母后。心怀叵测的他在独孤皇后面前暗暗挑拨道："太子对儿存有异心，屡次派人刺杀为儿，让儿十分惊恐。"独孤皇后本是一个非常精明的人，但她已对杨勇产生了很深的成见，所以不假思索地就听信了杨广的一面之辞，怜爱和气愤的情绪一齐涌上她的心头，于是她坦白地对杨广说明了自己的心意："勇儿已不成器，抛开正室，专宠云氏，有我在他尚且敢欺负你们兄弟，倘若他成天子之后，太子竟是庶出，你们兄弟还得向云氏俯首称臣，讨得生路啊！"

开皇二十年十月，隋文帝在独孤皇后的主张下，以"情溺宠爱，失于至理，仁孝无闻，昵近小人"的罪名而将太子杨勇废为庶人。一个月后，在独孤皇后的授意下，不好声色、专宠嫡妻的晋王杨广被立为太子。

管了儿子，独孤皇后还要管大臣。高颎是隋国的开国元老，而且是独孤皇后两代家臣，本是德高望重，皇后的制度仍然也要对他生效。高颎的原配夫人去世之后，身为相国的高颎心伤欲碎，曾忧伤地对独孤皇后说："瑟弦骤断，唯斋居诵经而已。"此言曾深受皇后的赞叹。谁知不久之后，相国府中锣鼓喧天，传出相国庆祝爱妾生子的消息。隋文帝也在祝贺相国晚年得子，独孤皇后却火冒三丈，认为高颎表里不一，表面上痛念亡妻，暗地里却宠爱小妾，使小妾生子。于是独孤皇后天天在枕边向文帝说高颎的不是，最终，在皇后的软硬兼施下，文帝将当政二十年且功绩显赫的相国高颎以"表里不一，不堪信任"之名，罢免了丞相之职，让他回乡养老去了。

独孤皇后铁腕严治后宫之事，被后世广为传颂。虽然有人评说她的制度和手段太过于严厉，简直是一个冷血女人。然而，处于那种位子，她若不使出那些手段，又哪能治理出一个秩序谨严的后宫，让文帝专心致力于朝政呢？

唐高祖李渊

　　唐高祖李渊（566～635年），字叔德，陇西成纪（今甘肃省秦安县北）人，唐代开国的君主。李渊世代显贵，被授予北周唐国公爵号，后被隋炀帝封为弘化留守兼领潼关以西的军事指挥大权。隋朝末年，杨广昏庸无道，天下大乱，于是李渊运筹帷幄，起兵太原，定鼎关中。公元618年，李渊称帝，改国号唐，定都长安。随后翦灭群雄，统一全国。在位期间，以隋朝制度为蓝本，重新建立中央及地方行政制度，颁布均田制、租庸调制，重建府兵制，为唐代的建设奠定了基础。后传位于次子世民，自称太上皇。贞观九年崩，死后庙号高祖。

建立大唐

　　隋朝末年，杨广的残暴统治使阶级矛盾十分尖锐。杨广即位后，就大兴土木，建东都、修长城、开运河、筑驰道，弄得民不聊生。巡游江南，北上榆林，以夸耀自己的武力；出兵边塞，侵略高丽，以显示自己的威风。由于徭役深重，战争频繁，社会生产遭到严重破坏，人民生活痛苦不堪。广大群众无法生活下去，不得不铤而走险，以武力反抗。

公元 611 年，各地农民起义风起云涌，部分隋军将领也割据一方。天下沸腾，群雄割据，全国有一百多支反隋大军。在反隋斗争中起义军逐渐走向联合，形成了以李密、翟让为领导的瓦岗军，杜伏威领导的江淮起义军，窦建德领导的河北起义军三支主要力量。在农民起义的冲击下，隋炀帝杨广的统治处在风雨飘摇之中。

在农民起义风起云涌的同时，隋朝内部也分崩离析。李渊目睹动荡不安的天下局势，从中看到了举兵起事的时机。

公元 617 年 2 月，刘武周在马邑起兵，杀太守王仁恭，自称天子，国号定阳。于是李渊以讨伐刘武周为名，积极募兵。李渊以维护隋朝统治者的身份出现，远近的武装纷纷云集，不几天就有近万人加入李渊直接控制的军队。

李渊的行动，引起忠于隋炀帝的副留守王威和高君雅的怀疑。公元 617 年五月十四日的夜里，李渊命李世民在晋阳宫城外埋下伏兵。第二天早晨，李渊和王威、高君雅议事。晋阳（今山西太原）令刘文静领开阳府司马刘政会到庭中，说有密状给李渊。李渊就让他交上来，但刘政会不交，说要告的是副留守，只有李渊才能看。李渊假装吃惊地说："怎么会有这种事？"李渊看后，对大家说："王威、高君雅要勾结突厥入侵。"于是命人逮捕了二人。第二天，果然有突厥几万人围攻太原，人们都信以为真，李渊趁机将王威和高君雅二人处死。

杀掉王威和高君雅消除内患之后，李渊就和将士严密防守，对付突厥。他命裴寂和刘文静坚守城防，同时又让大门大开，城墙上也不树旗帜，守城士兵不许张望、喧哗。这使突厥军队不明底细，不敢入城。李渊又在夜里派兵出城，早晨改道进城，使突厥误以为是援兵到达。突厥军队不敢恋战，只好退兵。突厥兵虽然退去了，但难保不再来，为了从根本上解决问题，李渊给突厥送去书信："若能从我，不侵百姓，征伐所得，子女玉帛，皆可汗有之。"为了稳住突厥，李渊委曲求全地用了臣子的语气。

公元617年七月，李渊率军三万，正式起兵。李渊传檄诸郡称"义兵"，以维护隋朝社会安定。

李渊在太原起兵之后，以进军关中拿下长安为最终目标。西进的第一个障碍便是西河郡。李建成和李世民兄弟仅用了九天就得胜而归，使李渊喜出望外。然后，李渊建立了自己的军事机构：设置大将军府，自称大将军；封长子李建成为陇西公、左领军大都督，统领左三军；次子李世民为敦煌公、领军大都督，统领右三军；裴寂和刘文静为长史司马。

李渊第二战是决战霍邑。霍邑的西北的贾胡堡是其门户，但守卫霍邑的宋老生却没有派兵把守，李渊由此断定宋老生是个无能之辈。李渊害怕宋老生守城不出，打持久战对自己不利，于是让两个儿子领几十名骑兵近城观察，自己将部队分成十几队，从城东南到西南，摆出一副攻城的架势。宋老生果然中计，以为李渊要攻城，就领兵三万出战。李渊领兵假装后退，让李建成和李世民领兵抢占了东门和南门，切断了宋老生的退路。在交战中李渊又散布宋老生已经战死的谣言，动摇了军心，隋军大败。李渊顺利占领了霍邑。

此后，李渊又攻打河东，没有攻下。李渊就听从了李世民直接入关中的建议，分兵攻打长安。在招降长安失败后，李渊下令攻城，占领之后又下令禁止掳掠百姓，受到百姓们的夹道欢迎。

公开反隋的李渊并没有急于自立门户，因为他清楚地知道那样做必然会招来骂名，成为众矢之的。公元617年十一月，李渊拥立隋代王杨侑为帝，即隋恭帝，改元义宁，尊在江都的隋炀帝为太上皇，李渊为大丞相，封唐王，以武德殿为丞相府，李世民为秦王。

公元618年5月，隋炀帝杨广的右屯卫将军宇文化及在江都兵变，勒死了隋炀帝杨广，然后立秦王杨浩为帝，自己做大丞相。随后，宇文化及领兵十万北上，但被李密打败，宇文化及败走魏县，毒死杨浩，自己称帝，建立郑国。第二年，过了皇帝瘾的宇文化及在聊城被窦建德杀死。

隋炀帝杨广一死，李渊就不再需要隋恭帝这个傀儡了。公元618年，李渊逼杨侑禅位，称帝，建立唐朝，改年号为武德，定都长安。但是，李渊称帝长安时，许多隋将割据称雄，农民起义军也称霸一方，全国仍然处于四分五裂的状态。

统一全国，巩固政权

李渊称帝后，唐朝政权既要面对各地的叛乱，又要建立和发展经济。因此，统一全国，巩固政权是摆在李渊面前的首要问题。

●统一全国

政权林立，鹿死谁手根本无法预知。仅仅占据关中、三晋的唐王朝同样没有把握，还好李渊选择了一条正确的方针：远交近攻，分而蚕食。就这样，李氏父子走上了艰难的争夺政权之路。

在战胜雄踞陇西、自称西秦帝王的薛举，平定在河西号称凉帝的李轨后，李渊总算是稳定了唐朝的后方。

正当李渊部众与薛举、李轨等人纠缠时，刘武周率军大举进攻太原，太原留守李元吉没有防备，被打得弃城而逃。刘武周的军队所向披靡，直打到山西西南部，关中岌岌可危。李渊当机立断，马上命令李世民统领关中所有的兵力进行抵御。李世民从龙门渡河后，与刘武周部队僵持了五个月，最后因刘武周军粮匮乏，准备向北撤退。李世民抓住这一时机，大举追击，刘武周兵败逃往突厥，后来被突厥杀死，唐军完全占领了山西地区，扫除了进兵关东的障碍。

关东地区原来是瓦岗军翟让、李密的属地，后来李密贪图权势，恩将仇报，杀害了曾经收留他的瓦岗军首领翟让，使瓦岗军内部出现了分裂。不久之后，李密被洛阳王世充乘乱重伤，溃不成军，最后干脆降唐以求自保。李渊十分优待李密，并把自己的表妹嫁给他，但李密投降后，企图趁唐军与王世充开战之机，拉一支亲军东山再起，但不久就阴谋败露，被李渊除掉。

一番角逐后，关中只剩下王世充的势力最为强大。王世充本来也是隋朝的大将，曾任江都通守，是个很有能力的将才。为了尽快平定关东，李渊派李世民倾全部主力对付王世充，王世充怕自己支持不了多久，就拉上窦建德一起对抗，结果连窦建德也被李世民打得大败。这下王世充彻底绝望了，当他只剩下洛阳一座孤城的时候，只得被迫投降。虽然窦建德作战失败，但他一向优待属下，安抚百姓，在民众中有很高的威望。当李世民派人将窦建德押赴长安时，曾经劝告李渊不要杀死窦建德，但李渊没有听从，结果激得窦建德的手下大将刘黑闼又举兵反唐，不到半年就恢复了原来窦建德的领地。李渊派李元吉前去平定，惨败而回，不得已只好又派太子李建成亲征，才将刘黑闼制服，刘黑闼在退败时被杀。至此，河南和山东地区终于平定。

江南的平定比江北相对容易一些，萧铣、杜伏威、高开道等很快就被打败。就这样，李渊基本上削平了隋末以来的分裂局面，统一了全国，辉煌的大唐历史终于拉开了序幕。

统一了全国后，李渊面临着怎样巩固政权的问题。

●确定唐代的政权机构

首先，李渊改隋朝五省六部制为三省六部制。三省即中书省、门下省、尚书省。中书省的长官是中书令，下设有中书侍郎、中书舍人等，是决策机关，负责草拟有关军政大事的诏敕；门下省的长官是侍中，下设有黄门侍郎、给事中等，是审议机关，主管审核中书省的决定，并有驳回的权利；尚书省的长官是尚书令（太宗时废尚书令，另设左右仆射），下设有左右承、左右司郎中等，是执行机关，负责执行中书、门下二省的决定。三省的长官都是宰相，他们共同商讨国家大事，共同对皇帝负责。六部即吏、户、礼、兵、刑、工六部。其主要职能分别是：吏部主掌官吏的考核与升降、户部主掌户籍及赋税、礼部主掌礼仪及科举、兵部主掌军事、刑部主掌刑法诉讼、工部主掌土木工程。各部长官都称尚书，直属于尚书省，每部又领四司，计二十四司，分别执行中书、门下二省制定的政令。

其次，唐代在统治机构设立监察机关，即御史台，长官是御史大夫，负责纠察百官，相当于现在的监管部门，权力非常大。

最后，在地方统治机构中设置州、县两级制，州设刺史，县设县令。刺史每年巡访所在的县一次，考课官吏，访询治安，催督赋役，保举人才。县令主一县之事，县以下有乡，乡以下有里，里是最基层的政权单位，设里正一人，管理百户左右，其职责是检查户口，劝课农桑，检查非违，催促赋役，对人民进行直接统治。

唐朝时期中央和地方各级政权机构设置比较合理，各级政权组织比较谨严，分工也比较明确，和过去相比更有利于皇帝集权。

●制定并实施《武德律》

隋炀帝统治时期，刑法严酷，百姓稍不留神就会犯罪。李渊攻下长安后，就学汉高祖刘邦"约法三章"为约法十二条。称帝后，宣布废除隋朝的《大业律令》，并下令裴寂、刘文静等依隋《开皇律》重新修订法律，在"务在宽简，取便于时"原则的指导下，制定了新律五十三条。公元624年，正式颁布新律——《武德律》。从内容上看，《武德律》较隋律用刑有所减轻，但对劳动人民反抗的制裁比过去更加严酷。

颁布和实施这一系列政策后，唐朝的政治环境得到了明显的改善，经济也有了一定的发展。从以上这些措施可以看出李渊对怎样治理好国家是有自己的见地的。

对百姓，李渊采取以"宽慰为主，与民休息"的方法，力图恢复生产。有一次，他与大臣们讨论如何防范盗贼时，有人认为对待盗贼必须采取一些重法严惩。可李渊却认为大部分老百姓偷盗是因为皇权威严、赋税过于繁重、民不聊生所致，他主张治盗要从根本上杜绝奢侈浪费，要尽最大努力减轻农民负担，老百姓富裕了，才能从根本解决盗窃的问题。此后，李渊下令轻徭薄赋，让利于民。几年后，唐朝就出现了天下太平的安定局面。

在对待官吏方面，李渊也是有效地威服众臣，并不以亲疏论远近。有一次，李神通与唐朝重臣房玄龄等争功劳。李神通自恃是皇亲又曾响应李渊起兵关西，因此十分轻视谋臣房玄龄和杜如晦等为李渊建设天下做出重大贡献的人。最后李渊以房玄龄等人安社稷运筹帷幄，功劳在李神通之上为由，真诚地说服了叔父李神通。

在用人方面，李渊也有自己独到的见解，他用人不限于出身，还能感化敌对的人才为己所用。如隋朝重臣左武侯大将军屈突通，他曾经在河东、潼关等战中力拒唐军，屡次为隋廷立下汗马功劳，后来被唐所擒，押送长安。李渊非常器重屈突通的兵法武略，立即拜他为兵部尚书。

此外，李渊还有几项重大举措：实行府兵制、科举制、均田制和租庸调制，为即将到来的"贞观之治"奠定了坚实的基础。

骨肉相残，让位次子

李渊当上开国皇帝更多地仰仗了自己儿子的力量。俗话说"父为英雄好汉儿"，这句话用在李渊一家人身上最是合适。然而，也正是因为每个人都是英才，才导致了李渊的儿子们互相残杀的悲剧。

李渊的妻子窦氏共生了四个儿子，晋阳起兵时，长子建成二十八岁，次子世民十八岁，三子玄霸早夭，四子元吉十四岁。他们父子步步为营、小心谨慎，历经千辛万苦，终于实现了统一天下的宏图霸业。在这样艰辛的过程中，他的两个儿子李建成、李世民更是呕心沥血，功不可没。

李渊称帝后，长子李建成自然被立为皇太子，他为人宽厚，又有才干，帮助高祖处理日常政务，制定大政方针，为李渊称帝起过重要的作用，是个相当杰出的继承人。次子李世民被封为秦王，他文武兼备，善于笼络人心，广交豪杰、礼贤下士，经常领兵出征，战功卓著。而四子元吉的才能虽然不及两位兄长，但心思缜密，一直被派留守太原，对稳定后方，支援前线也做出了非常重大的贡献。

几个儿子都有各自的长处，按理说这足以让李渊自豪和欣慰。然而，随着李世民立下赫赫军功和威望的逐日提高，再加上李渊在军事上尤其倚重秦王，李建成的太子之位似乎也越来越受到威胁。更为重要的是李世民也渐渐不满足于屈居秦王的位置，所以，为了皇位的继承权，太子李建成与秦王李世民之间的明争暗斗愈演愈烈。到了秦王李世民平定关东以后，势力更加壮大，两个人之间的矛盾就更深了。在他们的斗争中，齐王李元吉一直与太子亲密，心中又存有一番鹬蚌相争、渔翁得利的打算，所以始终站在李建成一方。

李渊建国后一面着手进行改革，一面还得调节两个儿子之间的矛盾。但李渊的调节并没有起到什么作用。想到建成和世民都是自己的儿子，都是从战场上走出来的将帅，况且李建成并没有犯过什么错，总不能就废了他把太子让给李世民。这件事让李渊伤透了脑筋。这位纵横沙场，拥有至高无上权力的皇帝，却在自己的家事上无法权衡。他只能眼睁睁地看着两个儿子各自拉拢着文武大臣，组成两个几乎要对立的集团。

秦王李世民在长期的征战中，收罗了大批军事人才，如尉迟敬德、屈突通、段志玄、秦叔宝、程知节等；回长安后，又以开文学馆为名，收罗了杜如晦、房玄龄等十八名文职官员。这样，秦王李世民便建立了一个文武兼备的秦王府集团。后来，李世民在朝中又得到刘文静、长孙顺德、刘弘基等元老功臣的支持，势力日渐强盛，这就对太子李建成的皇位继承权构成了巨大威胁。

太子李建成当然不能无视自己的地位被威胁，也拉拢了一些人，扩充实力。首先，他利用太子这个合法的身份，把一些皇亲国戚、元老重臣拉在他的周围，如齐王李元吉、德妃的父亲，还有文官魏征、王硅和武官冯立、万彻等；接着，又用计拉拢受李渊宠爱的嫔妃，如张婕妤、尹德妃等，经常在李渊面前对秦王造谣中伤，同时招募勇士两千余人，这样就形成了一个强大的太子集团。

同时，李渊的后宫也分成了两派。一派是以李渊宠妃张婕妤和尹德妃为主的亲太子派，她们早已经被李建成和李元吉的重金收买，经常找机会在李渊面前诋毁李世民。另一派是在李世民的贤内助、王妃长孙氏极力拉拢下的亲秦王派，但她们明显不是亲太子派的对手。

面对这样的局面，李渊非常为难，三个儿子他个个宠爱，更不愿意看到手足相残的悲剧发生。事实上，太子李建成身为储君，面对秦王李世民对自己储位的威胁，处处自卫，维护自己的实力，本无可厚非，并且这与李渊所希望的稳定储位以达到稳定局势目的的初衷是一致的。秦王若实施夺嫡的行动，势必会引起朝局的动荡，不仅危害太子、危害本家兄弟，也危害朝局、政局。作为一个头脑清醒的君王，李渊深知轻易改变储君会是一场极大的政治风波，搞不好就要步隋朝二世而亡的后尘。所以他并不想废太子，同时他也担心秦王的势力过大，早晚会取而代之。

最终，李渊还是较偏向太子。倾向于太子，也是从大局出发，但是他调和双方矛盾的办法，却令人心难安，使得政局长期不稳。李渊既无意废太子李建成，又不愿意坚决制止李世民夺嫡。他想以调和求安定，结果适得其反。太子私募兵士，差点造成反叛，李渊也只是流放了太子近臣，从而大事化小地了结了这件事。同时，他也不想看到李世民被李建成杀害。怀着这样复杂的心情，李渊无法对儿子之间的明争暗斗进行及时的处理，有时甚至采取"睁一只眼，闭一只眼"的态度，但最终不免酿成大祸。

太子李建成怕秦王对自己的地位构成威胁，就想密谋将秦王害死。公元625年的一天，李渊外出打猎，让他们兄弟骑马比箭，李建成施计将一匹未驯烈马让李世民骑。李世民好不容易将烈马驯服后，才知道是李建成用的计，不由气愤地说："有人想用此马害我，但生死由命，岂能任小人所为？"李建成听到后，让张、尹二妃去向李渊诬陷秦王说："秦王自称得上天授命，要当天子。"李渊听后将秦王叫来，生气地说："谁是天子，自有上天授命，我还没死，你谋求帝位之心为何这等急切？"正在此时，边报突厥进犯，李渊为了让秦王率军抵御，就赦免了他。

李建成见此计未成，又设一计。公元626年，太子李建成将秦王李世民邀来饮酒。秦王饮后立即吐血，幸好被淮安王李神通救回西宫。

此时，秦王李世民的处境已经非常危险，他的谋臣们再也坐不住了。以李世民的妻兄长孙无忌为首，加上尉迟敬德、段志玄等人，纷纷劝说李世民先下手为强，免得被害，但李世民还是犹豫不决。就在此时，突厥扰边，太子为了削弱李世民的实力，故意向李渊推荐尉迟敬德领兵，让齐王李元吉挂帅，企图将李世民的势力转在自己的控制之下。这时又有小官向李世民告密，说太子和齐王计划要乘给齐王饯行的时候杀害李世民和尉迟敬德等人，这下李世民忍无可忍，决定与房玄龄等密谋发动政变。

李世民先找到李渊，将太子的阴谋和盘托出，李渊在儿子的哭诉下大惊不已，告诉他第二天早些上朝，把这些事当朝奏给大臣们听，到时自己一定会为他做主。但到了第二天，李世民害怕太子早做埋伏，加害于他，就抢先下手，在上朝必经之地玄武门内埋伏精兵，眼见李建成与李元吉入朝，立即将他们射杀，再派尉迟敬德入宫通知李渊。当时裴寂、陈叔达等人都在李渊身边，劝他说本来就是李建成和李元吉先图谋不轨，现在已被秦王所灭，而且秦王对社稷有大功，正是民心所向，不如就让秦王正位，一切都会迎刃而解。李渊没有办法，只能命令诸军全部都由秦王调遣。这就是历史上著名的"玄武门之变"，以太子李建成、齐王李元吉丧命，秦王李世民大获全胜而告终。

玄武门之变后六天，李渊正式立李世民为皇太子，并且下诏说军国庶事无论大小，全都由太子决定。到了八月，李渊正式将皇位传位给李世民，以太上皇的身份徙居太安宫，退出了政治舞台。

■ 相关链接

府兵制

府兵制是我国古代兵制之一，以"兵农合一"为主要特点。它起源于北魏时期鲜卑人当兵、汉人务农的政策。

北魏在六镇起义后分为东魏和西魏。为了与东魏相抗衡，西魏宇文泰于公元542年把流入关中地区的六镇军人和原在关中的鲜卑各部的人编为六军。次年与东魏作战，败于洛阳邙山，损失很大。为了补充和扩大队伍，以后几年不断收编关陇豪右的乡兵部曲，选任当州豪望为乡帅。公元550年前，已建立起八柱国（大将军）、十二大将军、二十四开府（又称二十四军）的府兵组织系统。八柱国的设置是模仿鲜卑拓跋部的八部制度，其中宇文泰实为全军统帅，魏宗室元欣仅挂虚名，实际分统府兵的只有六柱国，也与周国六军的制度相符。西魏恭帝元年（554年），按照北魏早期所属大小部落的姓氏赐诸将姓，作为早已"灭绝"了的这些部落的继承人，所统率的兵士也改从各自主将的姓，这就给府兵制涂上了一层鲜卑部落兵制的色彩。

随着中央集权制的加强，北周武帝建德二、三年间（573～574年）改府兵军士为"侍官"，意思是侍卫皇帝，表明府兵是皇帝的亲军，不隶柱国。同时，又广募汉民入伍，免其课役。一人充当府兵，全家即编入军籍，不属州县。居在城里的军人及其家组成军坊，居住在乡村的组成乡团，分别设坊主、团主统领。这种军民异籍的制度直到隋代才改变。

开皇十年（590年），杨坚下诏："凡是军人可悉属州县，垦田籍账，一与民同，军府统领，宜依旧式。"此次变更具有划时代的意义，标志着兵农合一的完成，但府兵本身归军府统领的组织系统不变。

隋初，左右卫、左右武卫、左右武候六个府各领军坊、乡团，统率府兵，继承周制。炀帝统治时，原先不领府兵的卫或府也都可以统率府兵，这样统领府兵的就有翊卫（左右卫所改）、骁卫（备身府所改）、武卫、屯卫（领军府所改）、御卫（加置）、候卫（武候府所改），各分左右，共十二卫。

隋代军府有内府、外府（也就是内军、外军）之分，以骠骑将、车骑将军为长、贰，有时也设置与骠骑府并行的车骑府。公元607年改称鹰扬府，长官为鹰扬郎将，副为鹰扬副郎将（后改鹰击郎将）。

唐初一度恢复骠骑、车骑府旧称。贞观十年（636年）外府改名为折冲府，内府改名为中郎将府。折冲府设有折冲都尉、左右果毅都尉、别将（后置），为府一级的将领。武则天时，府分三等。

唐代因袭隋制，只是改屯卫为威卫、候卫为金吾卫、另设领军卫、废御卫，也是十二卫分领府兵宿卫。此外，自北周、隋以来，领府兵的还有侍卫东宫的率府，唐代为左右卫率、左右司御率和左右清道率，称为东宫六率，但领府很少。内府置中郎将，副为左右郎将，以下团、旅、队的设置略同外府。内府有亲、勋、翊的区分，兵士分别号为亲卫、勋卫、翊卫，合称三卫。统领内府三卫兵的是：左右卫统一个亲府、两个勋府、两个翊府，共五府；左右卫率统亲、勋、翊府各一；其余卫、率，各统翊府一。

内府卫士取二品至五品官的子孙充当，外府卫士取六品以下官的子孙及白丁无职役者。在此范围内，征发原则是先富后贫，先强后弱，先多丁后少丁。府兵虽然包括官僚子弟和一般地主，但仍以均田农民为主体。

府兵制创立以后，规定三年一拣点以补充缺额（玄宗时改为六年），服役期限为二十一岁至五十九岁（玄宗时曾有缩减）。服役期间，府兵本身免除课役，但军资、衣装、轻武器（弓箭、横刀）和上番赴役途中的粮食均须自备。每一火（一火十人）还得共备供运输的马六匹（或用驴），即所谓"六驮马"。这些对农民来说是沉重的负担。

军府所在有地团，兵士不能随便迁徙出界；平时务农，农闲练武，有事出征，其主要任务是番上宿卫和征防。番上宿卫，即轮流到京师宿卫，按照距离长安的远近分别给番。法令规定：

百里外五番（即各府内兵士以五人为一组，此五人轮流上长安宿卫，以下类推，但七番、九番分组不尽，当有剩员），五百里外七番，一千里外八番，每番一个月；两千里外九番，每番两个月。内府卫士（三卫）除两京及其附近各州必须番上宿卫以外，余州都纳资代役。府兵到长安宿卫，由十二卫将军分领。出兵征防则由朝廷命将统率，调遣时必须持兵部所下鱼符，经过州刺史和折冲府将领核对后，才得发兵。战争结束则兵散于府，将归于朝。这样，将帅就不能拥兵自重。

事实上，府兵并非唐代唯一的兵种，承担宿卫的还有保卫宫廷、屯驻北门的禁军，与十二卫所领府兵合称南、北衙军。出征和防戍有名为"募"而实为"征"的兵募，以后还有防戍本州的团结兵、士镇兵等。在出征和防戍中，兵募的数量往往超过府兵，但府兵在唐初具有较强的战斗力，他们是军队的骨干，也得到了社会民众的尊重。

唐代府兵制在太宗和高宗统治前期曾经有效地实行，但到高宗以后，由于土地兼并日益严重。府兵征发对象主要是均田农民，随着均田制的破坏，府兵征点制失去了赖以实行的经济条件。到武后时，番上卫士往往被贵族官僚借为私家役使，导致社会上以充当府兵为耻辱。玄宗统治初期，府兵逃散的情况日渐增多，以致番上卫士缺员，征防更难调发。开元十年（722年），宰相张说以宿卫之数不给，建议招募强壮。次年，募取京兆、蒲、同、歧、华等州府兵及白丁为长从宿卫。开元十三年，改名"骑"，分隶十二卫，基本上代行了府兵宿卫的任务。征防兵士中，府兵本来就少于兵募，武后时出现了防卫本州的团结兵；玄宗初，军镇又出现了来自招募的健儿。那时，军府空虚，府兵番上宿卫已经不能足额，征防必然更难从府兵中征发，实际上除了被强留下来的以外，各军府兵员的缺额大概很少得到补充。开元二十五年（737 年），玄宗下诏命令各镇节度使按照防务需要制定名额，招募自愿长住镇戍的健儿，"便令常住"。二十六年，又下诏说各军招募的长征健儿业已经足额，以后不再从内地调发，原有兵士（包括兵募、健儿等）非长征者一律放还。这就从法令上停止了调发府兵征防。

天宝八年（749 年），由于军府无兵可交，府兵制终于废止。此后，折冲府只有兵额和官员，既没有兵，也没有驮马、武器等各项军资。但整个唐朝，军府的空名一直存在。

大周皇帝武则天

大周皇帝武则天（624～705 年），祖籍并州文水（今山西文水县），汉族。她是我国历史上唯一一个正统的女皇帝（唐高宗时代，民间起义，曾出现一个女皇帝陈硕真），也是继位年龄最大的皇帝（67岁即位），又是寿命最长的皇帝之一（终年82 岁）。唐高宗时为皇后，唐中宗和唐睿宗时为皇太后。公元 690 年，武则天自立为武周皇帝，改国号"唐"为"周"，定都洛阳，并号其为"神都"，史称"武周"，公元 705 年退位。同时，武则天也是一位女诗人和政治家。

争夺后位

公元 624 年，武则天出生在唐都城长安。她的父亲武士彟虽然是唐朝贵族，但祖先并不显要。武士彟做木材生意，后来因为隋炀帝大兴土木，才发家致富。他在做生意的过程中，经常和权贵们交往，才得到了一个下级军职。

公元 617 年，李渊起兵反隋，武士彟以军需官的身份跟随效劳。李渊攻克长安后，武士彟因功被拜为光禄大夫，封太原郡公，列入十四名开国功臣的行列，成为唐朝的新权贵。公元 620 年，武士彟的原配夫人病逝，通过唐高祖做媒娶了隋朝显贵杨达的女儿，杨氏后来为他生了三个女儿，第二个便是武则天。

武则天的少女时代，是随做官的父亲在四川度过的。公元635年，武士彟死在荆州都督任上，随后全家回到长安。前妻生下的两个儿子武元庆、武元爽和他们的堂兄弟武惟良、武怀运对待杨氏刻薄无礼，武则天孤女寡母四人在长安过了一段很艰辛的日子。武则天十三四岁时，博览群书，博闻强记，诗词歌赋都打下了良好的基础，而且擅长书法，字态卓尔不群。

贞观十年（636年），皇后长孙氏病逝。次年，武则天因美貌出众被召进宫中做了才人（唐时，皇后以下有贵妃、淑妃、德妃、贤妃四妃，为夫人；昭仪、昭容、昭媛、修仪、修容、修媛、充仪、充容、充媛为九嫔；婕妤、美人、才人各九人，共二十七人为代世妇；宝林、御女、采女各二十七人，共八十一人为代御妻）。

武则天对宫廷生活充满了向往。进宫之后，太宗赐给她武媚的称号，所以人们都叫她媚娘。虽然她十分妩媚，但由于性格倔强，缺少女人该有的温柔，很不受太宗宠爱，因此进宫十二年称号也没有提升。十几年的半幽禁生活使武则天虚度了最好的一段青春，但这却是武则天登上政治舞台的第一步，而且是关键的一步。

武则天的机会来自于太宗的儿子李治，即后来的高宗。当太宗还在世的时候，武则天便和李治产生了感情。贞观二十二年，唐太宗驾崩。按照惯例，没有生育过的嫔妃们要出家做尼姑，生育过的则要打入冷宫，为死去的皇帝守寡，她们都是皇帝的"东西"，即使皇帝死了，其他人也不能动。武则天因没有生育而被送到感业寺出家，独自在寺院度过了一段清苦的生活。但她从没有放弃过回宫的想法，想方设法让李治尽快想起她，从而重返皇宫。

即位后的第二年，太宗的忌日这天，高宗李治到感业寺里进香，武则天紧紧把握住了这次机会。她使高宗又回忆起了先前的恋情，武则天的美貌加上旧情，促使高宗不再顾忌佛教教规和礼教的约束，将武则天带回了皇宫。

已经二十八岁的武则天，重获入宫的机会，这是她做梦也没有想到的。她下定决心要利用与高宗的感情，夺回失去的青春年华，得到她本该得到的东西，并开始在权力之争中大显身手。

武则天这次入宫和宫中的斗争有关，当时魏国公王后枯的女儿王皇后为了和淑妃萧良娣争宠，鼓动高宗接武则天进宫，她还自作主张让武则天先蓄发，做好准备再入宫。只是王皇后没有想到自己在引狼入室。入宫后，武则天很感激王皇后的照顾，对王皇后非常尊敬，侍奉得也很周到，这使得高宗很高兴。皇帝和皇后都高兴了，武则天的嫔妃地位也就升到了昭仪，这是正二品的级别，超过了其他八个嫔妃，是九嫔之首。在她的上面，只有皇后和四妃了。

武则天进宫之后，前后生了四男二女，而高宗总共才有十二个子女。后边的六个都是武则天生的，可见武则天的受宠程度是其他嫔妃无法相比的，这连主张让她进宫的王皇后也没有料到，结果自己也吃了大亏。

武则天的性格决定了她不甘于居人之下，她的目标是皇后。随着在宫中地位的逐渐稳固，她便开始有心计地活动了。她在后宫想方设法笼络太监、宫女，特别是和皇后、萧淑妃关系不好的人，她总要设法接近、拉拢，给予一些小恩小惠，让她们注意、监视皇后和淑妃的行动。由于武则天过人的智慧和超绝的手段，她很快成了比王皇后、萧淑妃还要受宠的嫔妃。为了登上皇后宝座，武则天利用王皇后和萧淑妃争宠，联合王皇后攻击萧淑妃，使之被废为庶民。之后武则天又将攻击目标对准了王皇后。

公元654年，武则天生下了第二胎，生的是一位公主，很讨人喜欢。王皇后也禁不住前去看望，逗弄一番后，知道皇帝要来就先走了。武则天趁机残忍地掐死了自己的亲生女儿，然后轻轻盖好被子。一会儿，皇帝来看女儿，武则天面带欢笑，带皇帝来到床前，掀开被子，佯装才发现自己女儿被害，失声痛哭。皇帝见此情景，十分震惊，立即下令追查是怎么回事。侍女告诉他，王皇后刚才来过。高宗大怒，武则天又趁机进谗言，使王皇后有口难辩。再加上王皇后久未生育，高宗就此下定废王皇后、改立武则天为皇后的决心。

皇后的废立属于国家大事，必须由各位大臣们共同商议决定。武则天做皇后的阻力主要来自重臣国舅长孙无忌，宰相褚遂良等大臣也极力反对。而李义府、许敬宗等人为了在高宗面前争功邀宠，就支持高宗立武则天为皇后。后来，高宗把长孙无忌等反对立武则天为后的人召到一起，商量皇后的废立问题，武则天则在帘子后面监听。长孙无忌极力反对，为王皇后辩解，说她出身高贵，忠厚贤惠，没有什么大过失，不该废皇后之位。而武则天却是出身贫寒，还曾经侍奉过先帝太宗，再立为皇后违背了礼制。褚遂良也坚决反对，而且还磕头磕得流血，并提出辞官回家。武则天见了，怒火顿生，大声喊道："怎么不把这种臣僚乱棍打死！"其他人见状，赶忙替褚遂良求情。褚遂良因此被贬官到湖南长沙任都督。

双方争执不休，最后，开国功臣李勣说皇后的废立是皇上的家务事，没有必要和大臣们商量。同时，李义府和许敬宗等人也在朝廷大臣们中间大造舆论，支持武则天。终于，在公元 654 年，高宗正式下诏书废王皇后，将萧淑妃贬为庶人。六天后，高宗正式立武则天为皇后。后来武则天将王皇后、萧淑妃二人各责打了一百杖，然后残忍地砍去双脚，泡在酒瓮里活活地折磨至死，并将王皇后改姓为"蟒"，萧淑妃改姓为"枭"。

就这样，武则天凭着她那过人的智慧和心狠手辣的手段，由先皇的"才人"变成了一人之下万人之上的"皇后"。

千古第一女皇

武则天母仪天下后，很快就把皇后的权利发挥得潇洒自如。当她与高宗所生的长子李弘被立为太子后，她的地位更加稳固。公元660年，高宗患了重病，朝廷内外的一切事务都由武则天裁决。武则天终于从幕后走上了台前。在逐渐执掌大权后，她的眼光逐渐向"皇位"看齐。为了让朝臣和世人心甘情愿地接受她这个"皇帝"，她还必须做一些准备。

历史告诉武则天，登上帝位最简单的方法就是采用"君权神授"。聪明的武则天也效仿古人，走了这样的一条道路，她大力支持佛教，并希望达到自己的目的。不过她采用这个方法，最直接的影响是来自洪州豫章县的邬元崇。

公元684年，武则天临朝称制时，邬元崇假托神命，自称是太上老君，警告武则天不应有觊觎帝位的企图。这引起了武则天的警惕和不满，她怀疑这是一起背后有人主使的政治事件，最后邬元崇被禁锢而死。这次事件也使武则天下决心进一步提高佛教的社会地位和影响力，从而达到自己的意图。

此后，武则天下令修订佛经，命受到她宠爱的薛怀义主持白马寺，组织佛教经义的辩论，还不断修筑规模宏大的寺庙，扩大僧尼人数。佛教势力和佛教徒的表现让武则天获得了政治收益：当时的经籍中宣称弥勒佛已经化身为女子降生下界，她理应成为世俗的主宰，并将为百姓带来和平而幸福的生活。这位弥勒佛的化身就是武则天。由于佛教徒的支持，武则天跨过了本来不可逾越的身份鸿沟，实现了向"皇帝"迈进的飞跃。

面对权力已经非常稳固的武则天，唐室宗亲的反抗更加无济于事，武后的支持者开始从各地向中央进奉祥瑞，他们宣称凤鸟与朱雀出现在天空，预示着武后登基称帝是上天的意愿。武则天还把名字改成了她自己创造的"曌"字，日月当空的字形结构表明她的执政会像日月当空、普照大地一样给民众带来温暖和生机。

另外，武则天在舆论方面也是下足了工夫，她不断利用迷信等手段来树立威信。比如她的侄子武承嗣派人进贡了一块刻着"圣母临人，永昌帝业"的白石头，谎称是来自于洛水。武则天很高兴，并将年号改为"永昌"。武则天总共改过十八次年号，有时一年就改三次。此外，武则天还接受了唐睿宗和群臣提议的尊号"圣母神皇"，这在历史上是没有先例的，原来的皇帝只有在死后才会有尊号，但是女皇武则天打破了这个惯例。

武则天为当女皇做的这些准备，遭到了唐高祖李渊第十一子李元嘉的反抗，但不久就被武则天平定了。从此，就再也没有人对武则天的权势提出过挑战了。

公元690年的重阳节，年近古稀的武则天改元天授，正式建立了大周王朝，自称"圣神皇帝"，成为中国历史上空前绝后的一位女皇帝。同时，将睿宗李旦降为皇嗣，皇太子李成器也降为皇太孙。武则天尊周文王姬发为始祖文皇帝，尊父亲为孝明高皇帝，侄子武承嗣等人也有封赏。

千古第一女皇就这样诞生了。

"铁腕"治国

所谓得民心者得天下，这是千古不可颠覆的真理。尽管武则天如愿以偿地坐上了龙椅，但反对她的人仍然存在。虽然她有作为政治家的"铁腕"，但还需要争取民心。受过良好教育的武则天，对历代兴亡及政治得失颇有见解，又侍奉唐太宗多年，"贞观之治"对她也有深刻的影响，所以，在她执政期间的不少政策基本上是沿着"贞观之治"的道路继续前进的，但也有她自己的特色。

改朝换代后，武则天下令立太庙于神都洛阳。迁都洛阳后，她对国政做出了一系列的改革：

●重视和发展农业生产

武则天要求以农业收成好坏作为考核地方官政绩的重要条件，凡是州县境内"田畴垦辟，家有余粮"的，就给予升奖；"为政苛猛，户口流移"的，必加惩罚。鼓励农民开荒，抑制逃亡，减轻徭役。这些政策和措施，都有利于农业生产的发展和社会的安定。公元652年，全国有380万户，至武则天退位的公元705年，增至615万户，人口如此快速的增长在历史上是空前的。

●发展科举制度，重用人才

发展科举制是武则天选拔治世贤能的又一种方法。武则天是在打击李唐宗室集团和关陇士族的过程中夺取政权的，因此，她很注意提拔下层人才，扶植忠于自己的力量。她对科举制的发展主要是改变考试内容和增加录用人数，并首创殿试，亲自面试考生。

天授元年（公元690年），她"策问贡人于洛城殿，数日方了，殿前试人自此始"。殿试制度的出现，不仅表明皇帝对科举的重视和慎重，而且使考生成为天子门生，他们更忠于封建朝廷。同时，武则天还扩大科举录取名额。唐太宗时，每年录取进士不过八九人，而到武则天时期，平均每年录取二十余人，使庶族地主阶级知识分子有更多的入仕机会，也大大扩大了武则天政权的统治基础。

武则天主张以文章取士，这对唐代诗歌和文学的发展有积极作用。她还开创"南选"，使岭南等边远地区的官员能就近及时参选。武则天雄才大略，颇有唐太宗风度，也能知人善任，她任用的狄仁杰、李昭德、王孝杰、娄师德等人，都是当时相当杰出的人才，而她选拔的姚崇、宋璟、张九龄，后来都成为唐玄宗时期的名相。武则天统治时期，整个国家不仅基本安定，而且继承了唐太宗所开创的政治局面，并有所发展。

●加强边防

唐高宗时，安西四镇被吐蕃占领。公元 692 年，武则天派兵击败吐蕃，夺回了安西四镇，又与吐蕃恢复和亲政策，缓和了唐朝和吐蕃的关系。同时，武则天还坚持在龟兹重设安西都护府，管辖天山南路，直至帕米尔。公元 702 年，又在庭州（今新疆吉木萨尔）置北庭都护府，管辖天山以北，包括阿尔泰山和巴尔喀什湖以东的广大地区。武则天的这些措施大大加强了对西北边疆的统治，对统一多民族中央集权国家的巩固和发展做出了重大的贡献。

●建立告密制度，重用酷吏

武则天在称帝后，对反对施行善政和反对她的人还是相当残酷的。其中，武则天斩杀薛怀义和设铜匦两件事，最能反映武则天的决绝与果敢。

薛怀义，原名冯小宝，陕西鄠县人，自幼闯荡江湖，英俊魁梧，被太平公主发现后，献给了守寡多年的母亲。三十出头的薛怀义深得武则天的宠爱。为了让他便于经常来往，太平公主又献计，把他变成和尚，主持白马寺，还赐姓薛，改名怀义。薛怀义对武则天登上皇位起了很大的作用。后来，武则天的男宠多了起来，薛怀义被冷落后，一怒之下就放火烧了自己亲自督建的万象神宫，即明堂。武则天没有听从大臣们的意见严惩他，于是，薛怀义自恃受宠，为所欲为，最终被武则天派人杀死。

为了巩固自己的权位，打击异己，武则天采纳侍御史鱼承晔儿子鱼保家的建议，在朝堂上设铜匦，接受全国的告密信。铜匦共有四个，分别涂上了青、丹、白、黑四种颜色，列于朝掌之上。其中的青瓯叫做"招恩"，放在东面；丹瓯称"招谏"，放在南面；白瓯叫"神瓯"，放在西边；黑瓯叫"通玄"，放在北边。然后派专人负责受理全国的告密文书。

此外，武则天还下令全国，对进京告密的人，沿途各地州县必须给予照顾，按照五品官员的待遇接待。对于告密的人，不分等级，一律接见，如果属实还给予奖励，即使不真实也不加追究。通过这个途径，武则天得到了一批酷吏，最有名的是周兴、来俊臣。后来中宗处理这些酷吏时列举了二十七名。

酷吏们为了打击李氏皇族，发明了很多的酷刑。武则天利用酷吏，但并不完全信任他们，也没有重用。等他们的"替罪羊"使命完成了，武则天便利用民愤，将他们先后处死，而著名的"请君入瓮"就是说来俊臣和周兴的故事。

酷吏政治前后共有十多年的时间，利用酷吏将反对她的李姓宗室和原来的贵族势力基本扫荡干净。这个过程中，武则天还得到了庶族出身官员的支持。所以，武则天虽然有时表现得很残忍，但她并不是疯狂地屠杀、毫无节制。总之，酷吏政治只是武则天的政治手段之一。从这里足可见武则天作为政治家的风范！

■ 相关链接

请君入瓮

武则天是我国历史上唯一的一位女皇帝。她为了维持自己的统治，采用严刑峻法，消除异己。因此，她手下的一些酷吏，就借机想方设法诬陷自己的政敌，并绞尽脑汁制造酷刑逼供。朝廷上下，笼罩着高压的恐怖气氛。

武则天的两名大臣周兴和来俊臣，是当时有名的酷吏，成千上万的人冤死在他们手中。有一次，周兴被人密告伙同他人谋反。武则天就派来俊臣去审理这宗案件，并且定下期限审出结果。由于和周兴平时关系不错，来俊臣感到很棘手。他苦思冥想，生出一计。

一天，来俊臣故意请来周兴，两人饮酒聊天。来俊臣装出满脸愁容，对周兴说："唉！最近审问犯人老是没有结果，请教老兄，不知可有什么新绝招？"周兴一向对刑具很有研究，于是洋洋得意地说："我最近才发明一种新方法，不怕犯人不招。用一个大瓮，四周堆满烧红的炭火，再把犯人放进去。再顽固不化的人，也受不了这个滋味。"

来俊臣听了，便吩咐手下人抬来一个大瓮，照着刚才周兴所说的方法，用炭火把大瓮烧得通红。来俊臣突然站起来，把脸一沉，对周兴说："有人告你谋反，皇上命我来审问你，如果你不老老实实供认的话，那我只好请你进这个大瓮了！"

周兴听了惊慌失色，知道自己在劫难逃，只好俯首认罪。

现在人们用"请君入瓮"来比喻以其人之道，还治其人之身。也是比喻某人用整治别人的办法来整治自己。它揭露了酷吏的残忍，也教会人们一种以牙还牙的斗法；同时告诫人们不要作法自毙。

宋太祖赵匡胤

宋太祖赵匡胤（927～976年），涿州人。曾任后周殿前都点检，在"陈桥兵变"中被拥立为帝，建立宋朝，定都开封，一举结束五代十国分裂混战的局面，统一了大半个中国。又以"杯酒释兵权"等策略，削弱禁军宿将及藩镇兵权，加强中央集权。天下既定，务农兴学，慎刑薄敛，与百姓休息，但其重文轻武、"守内虚外"的方针，造成宋朝长期积贫积弱的局面。他在位十六年，庙号太祖。

陈桥兵变，黄袍加身

宋太祖赵匡胤在后周时期，任殿前都点检，领宋州归德军节度使，掌握兵权。周世宗柴荣死后，由七岁的儿子柴宗训继位。这时，赵匡胤看到夺取后周政权的条件已经成熟，于是精心策划了一场历史上有名的"陈桥兵变"。

周恭帝即位的时候，年纪太小，由宰相范质、王溥辅政。后周的政局十分不稳，京城里人心浮动，谣言纷纷，都说赵匡胤快要夺取皇位了。

赵匡胤是周世宗的得力大将，跟随周世宗南征北战，立下不少战功。周世宗在世的时候，十分信任赵匡胤，派他做禁军（后周最精锐的部队）统帅，官名叫殿前都点检。世宗一死，军权落在赵匡胤手里。五代时期，武将夺取皇位的事情多得很，所以，人们有这种猜测也是不足为奇的。

公元960年春节，后周朝廷正在举行朝见大礼的时候，忽然接到边境送来的紧急战报，说北汉国主和辽朝联合，出兵攻打后周边境。大臣们慌作一团，后来由范质、王溥作主，派赵匡胤带兵抵抗。赵匡胤接到出兵命令后，立刻调兵遣将，过了两天，就带着大军从汴京出发。跟随他的还有他弟弟赵匡义和亲信谋士赵普。

当天晚上，大军到了离开京城二十里的陈桥驿，赵匡胤命令将士就地扎营休息。兵士们倒头就呼呼睡着了，一些将领却聚集在一起悄悄商量。有人说："现在皇上年纪那么小，我们拼死拼活去打仗，将来有谁知道我们的功劳，倒不如现在就拥护赵点检作皇帝吧！"大伙听了，都赞成这个意见，就推选了一名官员把这个意见先告诉赵匡义和赵普。

那个官员到赵匡义那里，还没有把话说完，将领们已经闯了进来，亮出明晃晃的刀，嚷着说："我们已经商量定了，非请点检即位不可。"赵匡胤和赵普听了，暗暗高兴，一面叮嘱大家一定要安定军心，不要造成混乱，一面派人告诉留守在京城的大将石守信、王审琦。

没多久，这消息就传遍了军营。将士们全起来了，大家闹哄哄地拥到赵匡胤住的驿馆，一直等到天色发白。

赵匡胤喝了点酒，睡得挺熟，一觉醒来，只听得外面一片嘈杂的人声，接着就有人打开房门，高声地叫嚷："请点检做皇帝！"赵匡胤赶快起床，还没来得及说话，几个人把一件早已准备好的黄袍，七手八脚地披在赵匡胤身上。大伙跪倒在地上磕了几个头，高呼"万岁"。接着，又推又拉，把赵匡胤扶上马，请他一起回京城。

赵匡胤骑在马上，才开口说："你们既然立我做天子，我的命令，你们都能听从吗？"

将士们齐声回答说："自然听陛下命令。"

赵匡胤就发布命令：到了京城以后，要保护好周朝太后和幼主，不许侵犯朝廷大臣，不准抢掠国家仓库。执行命令的将来有重赏，否则就要严办。

赵匡胤本来就是禁军统帅，再加上有将领们拥护，谁敢不听号令？将士们排好队伍开往京城。一路上军容整齐，秋毫无犯。到了汴京，又有石守信、王审琦等做内应，没费多大劲儿就拿下了京城。

将领们把范质、王溥找来。赵匡胤见了他们，还装出为难的模样说："世宗待我恩义深重。现在我被将士逼成这个样子，你们说怎么办？"范质等人不知道该怎么回答，突然有一个将领声色俱厉地叫了起来："我们没有主人。今天大家一定要请点检当天子！"范质、王溥吓得赶快下拜。

周恭帝见大势已去，只得让了位。赵匡胤自然就"顺应民意"即位做了皇帝，改国号为宋，定都东京（今河南开封），历史上称为北宋，赵匡胤就是宋太祖。至此，经过五十多年混战的五代时期，终于宣告结束。

宋太祖做了皇帝，他的母亲当然成了太后。当大臣们向太后祝贺的时候，太后却皱起眉头，显出很忧愁的样子。等到大臣们退了朝，侍从连忙问太后："皇上即位，您怎么还不快活？"太后担忧地说："我听说做天子很不容易。能够把国家管理好，这个位子才是很尊贵的；要是管理不好，出了乱子，再想做一个平常老百姓就做不成了。"

太后的担心不是没有道理的。宋太祖赵匡胤虽然即了位，但是全国还没有统一，别说周围还有一个个割据政权，就是原来后周统

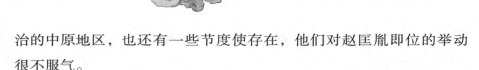

治的中原地区，也还有一些节度使存在，他们对赵匡胤即位的举动很不服气。

俗话说"守业更比创业难"，于是，如何管理国家、巩固既得政权成了宋太祖赵匡胤的当务之急。

巩固皇权

宋太祖赵匡胤即位后，在军事制度方面进行了一系列改革之后，在如何驾驭群臣方面，也采取了一系列相应的政策，以巩固皇权。

●削弱相权

宰相在封建社会中央集权制的政府机构里，是一人之下、万人之上的官职，能统率百官，总掌政务，权倾朝野。相权过重，往往对皇权造成一种威胁。因此，历代帝王总是采取手段，削弱宰相的权力。宋太祖赵匡胤也不例外，在削弱相权方面，他也有自己的高招。

·设置副相，削弱宰相政权

宋太祖在宰相之外，又设置一个参知政事，即相当于副宰相。开始时参知政事只是一个陪衬，并没有什么权力，不用押班、知印，也不设政事堂。后来太祖见宰相赵普专权过重，开始给予副相押班、知印、升政事堂的权力，与宰相轮流充任，使副相地位大大提高。

与此同时，宋太祖又采取灵活方式，降低宰相的待遇。在他刚登皇位时，宰相上殿奏事，太祖都让座献茶，商谈国事。后来宰相范质上殿奏事，太祖照例赐座，可开始奏事时，太祖说："我最近眼睛有些昏沉，请把奏章拿近来我看。"范质便离开自己座位，走近太祖，太祖暗中吩咐宦官，把宰相的座位撤去。从此以后宰相觐见，也只能站着和皇帝说话了。

·设置"二府"，分割宰相兵权

中国历代开国皇帝

"二府"是指宰相府之外，又设有一个枢密院，形成宰相府和枢密院两府互相牵制的局面。

五代时期，枢密院的权力在宰相之上，是宰相之外重复设有的宰相。宋太祖时，将枢密院权力改为执掌调兵大权，凡军国机务、兵防、边备、戎马等政令，都由枢密使主持，和宰相对峙。太祖设制，每逢入朝奏事，两府错开，互不相见，各说各的。这样就使皇帝能在双方的奏情中对比分析，掌握实情。从而，分割了宰相的兵权。

·设置"计相"，分割宰相的财权

旧制时，宰相统辖军、政、财权。宋太祖时，设三司使，分割宰相的财权。三司原属旧制官职，负责盐铁、度支、户部，平衡全国的财政收支。太祖有意提高三司的地位，号称"计省"。由三司使主持三司政务，其地位仅次于宰相，又称"计相"。这样就剥夺了宰相的财权。

● 官职分离

另外，宋太祖还采取"官职分离"、"名实不一"的方法，削弱相权，使宰相无法行使统率百官的权力。如侍郎和给事中，并不负责本省的政务。司谏官如果没有皇帝的特旨，也不能过问谏诤之事。连中央政府的三省主官，也只有奉旨才能行使本部的范围之权。即所谓"官无定员，员无专职"，至于仆射、尚书、丞、郎、员外，居其官而不知其职责，更是常有的事。

在这一制度下，"官"、"职"和"差遣"是有明确区分的。"官"，只是品位的一种名称，并无实际的权力，如中书令、尚书令官位很高，但无权参与朝政；"职"，是具有某种权力的标记，某一职位，具有什么样的权力，但并无固定人员，无论你是什么"官"，只要让你担任此"职"，便具有此"职"的权力；"差遣"，指受到指派的某人可以行使何种职权，这就是具有实际权力，可以"治内外之事"。如中书令、侍中都是"官"，只有带有上级的"差遣令"，才能担任宰相或行使其他实际权力。"差遣"的变动性很大，一个官员要随时听从"差遣"，接受新职。宋太祖就是通过这样的手段，来削弱宰相的权力的。

宋太祖在剥夺了中央几位重要军事将领的兵权之后，又运用赵普"削夺其权"、"制其钱谷"的策略，解决地方的藩镇遗患。

宋太祖逐步改由文臣代替军人执掌一州行政。任用文臣代替武将执掌一州政务，宋太祖也并不是很放心。因此，他任命的知州，前面往往加上"权知"二字，使他们明白"名若不正，任若不久"，从而达到扼制他们专权的野心和地方势力的抬头的目的。与此同时，在"知州"之外，另增置"通判"一职，这是赵匡胤在经过精心考虑后采取的一个重要措施，是他在削弱相权时采用的手段在地方政权中的继续应用。"通判"一职在本州的地位高，权力大，有权过问州中的一切政务，并可同知州分庭抗礼，直接传达中央。但有的通判往往以"监州"自居，说："我是朝廷派来监视你的"，以示权重知州。后来有人告诉宋太祖，通判权力太重，不利于知州行使地方职权。太祖才又下令，没有知州与通判联名签署的政令，不能实行，这就使二者互相牵制，听命于中央。

五代时期县级机构多由军人把持。虽然军人任县令的不多，但由于节度使委派"镇将"，这些"镇将"往往干涉地方政务，县令的任免，也往往要征求他们意见。他们每年利用征集军粮名义，在一县之中横征暴敛；利用掌管盗贼、斗殴的权力，肆意欺压百姓，以至形成了"事权旁落，县官失职"的局面。为了扭转这种局面，宋太祖命令吏部选振强干官吏，分到各县担任县令，抑制地方军人的跋扈势力。同时又在每县设置"县尉"一职，专门负责本县的盗贼、斗殴等事宜，"镇将"不得再插手。从此，县令才真正成为一县之长，总管县境的民政，平决狱讼、催收租税、劝课农桑。军人干预地方政务的现象得到有效的控制。

宋朝确立的文人治军的军事制度，其目的是为了彻底消除造成强唐灭亡的藩镇军制，其出发点是好的，结果是富有成效的，思想也是先进的。对于巩固中央集权来说，也是一种有效的政治措施。但是，在各级官员相互牵制的同时，也使许多政令执行缓慢，尤其是面临经济情况时，赵匡胤恐怕也只有干着急的份了。与此同时，由于政府官员过多，给朝廷带来了沉重的财政负担，造成了北宋后期"积贫积弱"的局面。

文化统治

国家的统一、社会的稳定，除了需要在军事、政治、经济等方面采取一定的措施之外，思想文化方面的统治，也是非常重要的内容。秦始皇"焚书坑儒"、汉武帝"罢黜百家，独尊儒术"、魏孝文帝倡导佛教、唐玄宗尊崇"老子之术"……无一不是为了加强思想文化方面的统治。宋太祖赵匡胤吸取历代的统治经验，也采取了相应的措施统治百姓的思想和文化生活。

宋太祖登基之后，下令制止符命迷信，反对元象图谶。因为这一类的胡谈，可能会教唆出一些图谋不轨的野心家来，赵匡胤自己就是这样发迹的。他曾流浪于市井，赌博斗殴，无所事事。一次，赵匡胤进了一个庙宇，碰见香案上有占卜吉凶命运的竹筊，他一边祷告，一边抛掷竹筊，第一次问的是可否当个小校，可连问几次，终是不吉；又问可否当个节度使，仍是不吉；他有些气愤，壮着胆子问能否当个天子，不料竹筊一下现出吉兆。从此，他立下了要当皇帝的宏愿，而如今他果真当了皇帝，心想天下难保不会有像他当年一样的人。曾做过通事舍人的宋惟忠，就因"私习天文，妖言利害"被杀了头。为了制止这一类东西在民间流行，宋太祖命人大量收购旧的图谶，组织一帮人将内容故意删乱颠倒，胡乱掺杂，抄写了约一百本伪本，流放于民间，因此民间伪本流行，难辨真假，从而达到破坏人们信仰的目的。

宋太祖的另一文化统治策略是重振儒学，恢复纲常名教。五代时期天下混乱，君臣之道破废，父子之道不讲。因此，在统一天下的过程中，宋太祖又开始极力提倡儒学，用等级分明的封建纲常来统治臣民。他命人在国子监和祠宇内，修饰"先贤十哲"，绘画"先贤"、"先儒"的肖像，让学子、后人顶礼膜拜，还亲自为孔子、颜回做像赞。他教育武将要克服骄悍之气，学会以文雅治天下。

同时，由于佛教可以使百姓忍受现实生活中的痛苦，以求死后进入"极乐世界"享受幸福，宋太祖一改周世宗反佛的政策，开始提倡佛教。他亲自到京城中的佛寺，如大相国寺、开宝寺中礼佛，以示尊崇。于是，天下信佛的人日渐繁盛，僧尼人数大大增多。

宋太祖赵匡胤是一位十分高明的封建帝王。他结束了从唐中叶以来的两百多年的分裂局面，稳定了大宋王朝的政局。他所创造的许多政治策略，对大宋王朝的昌盛与发展，起了十分重要的作用。特别是他从制度上防止天下混乱，促进华夏民族的统一，扭转武臣乱政，提倡安民为本，在中国封建社会的帝王史册上留下了不可磨灭的一页。

但是，他的这些策略也有很大的弊端，他的一系列集权的军政措施，加强了皇权，削弱了军队；政府官僚化，导致了北宋积贫积弱；兵权过于集中，将不知兵，兵不认将，削弱了军队的战斗力；官僚机构重叠，互相牵制，办事效率极低。他的后人只会效仿而不懂得变通，最终导致国破家亡，徽、钦二帝被掳做了亡国奴。

杯酒释兵权

　　宋太祖赵匡胤即位后不出半年，就有两个节度使起兵反对宋朝，四至六月，昭义节度使李筠起兵反宋。北宋建隆元年（960年）九至十一月，淮南节度使李重进占据扬州（今属江苏）起兵反宋。宋太祖亲自出征，费了很大的劲儿才把他们平定。这件事以后，宋太祖心里总不大踏实。

　　有一次，他单独找赵普谈话，问他说："自从唐朝末年以来，换了五个朝代，没完没了地打仗，不知道死了多少老百姓。这到底是什么道理？"

　　赵普说："道理很简单。国家混乱，毛病就出在藩镇权力太大。如果把兵权集中到朝廷，天下自然太平无事了。"

　　宋太祖连连点头，赞赏赵普说得好。

　　后来，赵普又对宋太祖说："禁军大将石守信、王审琦两人，兵权太大，还是把他们调离禁军为好。"

　　宋太祖说："你放心，这两人是我的老朋友，不会反对我。"

　　赵普说："我并不担心他们叛变。但是据我看，这两个人没有统帅的才能，管不住下面的将士。有朝一日，下面的人闹起事来，只怕他们也身不由己呀！"

　　宋太祖敲敲自己的额角说："亏得你提醒一下。"

　　过了几天，宋太祖在宫里举行宴会，请石守信、王审琦等几位老将喝酒。酒过几巡，宋太祖命令在旁侍候的太监退出。他拿起一杯酒，先请大家干了杯，说："我要不是有你们帮助，也不会有现在这个地位。但是你们哪儿知道，做皇帝也有很大难处，还不如做个节度使自在。不瞒各位说，这一年来，我就没有一夜睡过安稳觉。"

石守信等人听了十分惊奇，连忙问这是什么缘故。宋太祖说："这还不明白？皇帝这个位子，谁不眼红呀？"

石守信等听出话音来了。大家着了慌，跪在地上说："陛下为什么说这样的话？现在天下已经安定了，谁还敢对陛下三心二意？"

宋太祖摇摇头说："对你们几位我还信不过？只怕你们的部下将士当中，有人贪图富贵，把黄袍披在你们身上。你们想不干，能行吗？"

石守信等听到这里，感到大祸临头，连连磕头，含着眼泪说："我们都是粗人，没想到这一点，请陛下指引一条出路。"

宋太祖说："我替你们着想，你们不如把兵权交出来，到地方上去做个闲官，买点田产房屋，给子孙留点家业，快快活活度个晚年。我和你们结为亲家，彼此毫无猜疑，不是更好吗？"

石守信等齐声说："陛下为我们想得太周到啦！"

酒席一散，大家各自回家。第二天上朝，石守信、高怀德、王审琦、张令铎、赵彦徽等上表声称自己有病，纷纷要求解除兵权，宋太祖欣然同意，让他们罢去禁军职务，到地方任节度使，并废除了殿前都点检和侍卫亲军马步军都指挥司。禁军分别由殿前都指挥司、侍卫马军都指挥司和侍卫步军都指挥司，即所谓三衙统领。在解除石守信等宿将的兵权后，太祖另选一些资历浅、个人威望不高、容易控制的人担任禁军将领。禁军领兵权析而为三，以名位较低的将领掌握三衙，这就意味着皇权对军队控制的加强，以后宋太祖还兑现了与禁军高级将领联姻的诺言，把守寡的妹妹嫁给高怀德，后来又把女儿嫁给石守信和王审琦的儿子，张令铎的女儿则嫁给太祖三弟赵光美。

历史上把这件事称为"杯酒释兵权"。

"杯酒释兵权"是宋朝加强中央集权制度的重要反映，对其评价却争议较大。有人认为：几乎所有的开国皇帝都有杀功臣的行为，但宋太祖"杯酒释兵权"却使用和平手段，不伤君臣和气就解除了大臣的军权威胁，成功地防止了军队的政变，这是历史上有名的安内方略。但是其历史影响却远远不是这样简单。也有人认为：宋太祖大力巩固中央政权，"杯酒释兵权"含有对内严防的性质，直接造成内政腐朽。在外患强烈的背景下，削夺大将兵权就意味着削弱了部队的作战能力，由于皇帝直接掌握兵权，不懂军事的文官控制军队，武将频繁调动，致使宋朝与辽、西夏、金的战争连连败北，无力解决边患。军事积弱，还使两宋亡于社会制度落后于自己的游牧民族。

究竟应做何评价，应该是"仁者见仁，智者见智"吧！

元太祖成吉思汗

元太祖成吉思汗（1162～1227年），本名铁木真·孛儿只斤氏，蒙古族人，元代追封庙号太祖。在蒙语中，"成吉思"是"大海"的意思，颂扬他和海洋一样伟大。1206年，成吉思汗继任蒙古帝国大汗，统一蒙古各部落。在位期间，征服地域广阔，西达黑海海滨，东括几乎整个东亚，使元朝为世界历史上著名的横跨欧亚两洲的大帝国之一，1995年12月31日成吉思汗被美国《华盛顿邮报》评选为"千年风云第一人"。

登上汗位，统一蒙古

12世纪，蒙古大草原上分布着一百多个大小不等的部落。各部落间为了争夺牧地和牲畜，获得蒙古草原的霸主地位，展开了长期的血腥争斗。而蒙古族部落是众多的部落中的一个。蒙古族部落中又分为若干部，其中有一个叫孛儿只斤部，部中有两个强大的氏族——乞颜氏族和泰赤乌氏族。成吉思汗就是乞颜氏族首领也速该的儿子。

公元1162年，成吉思汗出生于迭里温孛勒答合（今蒙古国肯特省达达勒县境内）。成吉思汗出生那天，父亲也速该正好生擒了两名塔塔尔部人，其中一将领名铁木真，于是以其为成吉思汗命名，借以纪念这一胜利。父亲也速该作为一氏之长，经常带领氏族成员四处征战，抢夺其他部落的财物。铁木真九岁时，按照风俗该到母亲娘家的部落去求婚，最终选定了德薛禅的女儿孛儿帖，不幸的是父亲也速该因误入仇人塔塔尔的部落，吃下了有毒的食物而身亡。

父亲死后，母子几人过着颠沛流离的生活，铁木真也在艰苦、困窘的环境中慢慢长大成人。在这期间，他找到了他的童年未婚妻孛儿帖，德薛禅便将女儿嫁给了铁木真。德薛禅的妻子还将一件非常珍贵的黑貂鼠皮袄作为陪嫁。结婚后的他依然没有忘记仇恨。铁木真生活的时代，存在着血亲复仇制度，铁木真便以血亲复仇的名义开始了自己的事业。他刚结婚不久，就请博儿术前来帮助自己。博儿术当即动身赶到了铁木真家，当时还有世袭奴隶兀良合部送来的者勒篾，后来成为铁木真最忠诚的奴仆。

要恢复父亲的功业，仅仅依靠铁木真个人的力量去挑战其他部落无疑是鸡蛋碰石头。因此，壮大自己的力量成了铁木真的当务之急，他想尽各种办法蓄积势力。

如何才能迅速壮大自己的力量？铁木真首先想到的方法就是借助各部落的强大势力。为了重振家业，铁木真认识到必须寻求更强大势力的庇护。他与弟弟哈撒儿、别勒古台一道来到土兀剌黑林（今蒙古乌兰巴托南），找到他父亲的至交克烈部首领脱里汗，他自信脱里汗会与他结盟，因为自己和他有联合的基础。其一是他们的敌人都是塔塔尔部落；其二，父亲也速该在世时曾经帮助过脱里汗，两个人还结为安答（结义兄弟）。不过，此时的脱里汗实力强大，已是当时蒙古高原的一方霸主。为了与脱里汗结盟，铁木真十分谦恭地前去拜见脱里汗，并将妻子孛儿帖的陪嫁黑貂鼠皮袄当作见面礼献给了脱里汗，并且恭敬地说："您是我父亲的安答，就和我亲生父亲一样。"脱里汗受到如此的尊重，非常高兴，答应全力帮助铁木真复仇，铁木真认了脱里汗为义父，并表示可以依附于他。在脱里汗的帮助下，铁木真开始积聚力量，他先是收下了折里麦，后又有很多自由的骑士、善战的勇士接踵而来。

一次，篾儿乞人来复仇，他们突袭了铁木真的部落。铁木真兄弟和战友势单力薄，被迫骑马逃到不儿罕山，由于撤退仓促，妻子孛儿帖没有来得及逃走，仓皇间女仆就将孛儿帖藏到牛车里，然后驾车逃走，在路上遇到了篾儿乞人，篾儿乞人打开车门后，发现里面是一位年轻漂亮的女子，知道是铁木真的妻子，认为宿仇已报，就不再寻找铁木真，而是将孛儿帖带回去送给也客赤列都的兄弟为妻。

妻子被抢，被铁木真视为奇耻大辱，他发誓要报仇雪恨。于是，他立即赶往克烈部，向脱里汗求援。由于篾儿乞人也是脱里汗的仇敌，所以他很爽快地答应了铁木真的请求。为了能够一击制胜，铁木真又去借札答阑部的人马。札答阑部的首领札木合是铁木真儿时的伙伴，因此札木合表示同意为铁木真提供支援。

于是，铁木真在脱里汗、札木合的帮助下，出动联军乘篾儿乞人没有防备时大举进攻，取得胜利，并找回了已有身孕的妻子，不久得子术赤。经过这次战争，铁木真声名大振，他收拢和团结了一批人，组成了自己的军队，他父亲原来的部属与奴隶也纷纷归附，铁木真的实力逐渐强大起来。

这次战争结束后，铁木真依附于札木合，逐渐壮大自己的势力。一两年后，决定离开札木合。由于铁木真平常对与他一同作战的人非常好，人也正义，所以，许多札木合的人都要求与他的队伍一起走。于是铁木真从斡难河中游的札木合营地迁到怯绿连河（即今肯特山东南的克鲁伦河）上游的桑沽儿小河，独立建营。铁木真不问出身，吸引了很多弱小的氏族，被大家拥戴为领袖，表示愿为他去"砍断逞气力者的颈项，劈开逞雄勇者的胸膛"。后来，这些人都成了铁木真的亲信。

公元 1189 年，乞颜贵族为了重振往日的雄风，一致决定建立乞颜部落联盟，并推举二十八岁的铁木真为乞颜部落首领。但是，铁木真清醒地意识到，参加联盟的各部贵族，都是为了自己的利益才联合到一起的，没有统一的制度，难以形成一个强大的势力。

铁木真被推举为可汗后，立即建立起一套巩固自己统治地位的制度。他任命最早追随他的亲信博儿术和折里麦为总管，并分设了管弓箭的、管饮膳的、管牧羊的、管修造车辆的、管家内人口的、管带刀的、掌驭马的、管牧养马群的、负责远哨近哨的和守卫宫帐的等十种职务。担任这些职务的人员，除其弟弟外几乎全是他的亲信。同时，铁木真也非常注意用思想统治部落，他在部落中运用各种机会，大力赞扬将士们征战、杀掠的行为，使全部落都把这些行为看成是最受人尊敬的美德。通过这些措施，铁木真造就了一支最精锐的快速铁骑，拥有一批英勇善战的将帅和指挥官，也使铁木真为首领的乞颜部落很快脱颖而出，成为蒙古高原上崛起的一颗新星，从而为统一蒙古部落奠定了基础。

铁木真的势力逐渐强大，使好友札木合感受到了威胁，他不能容忍这个新出现的强大势力，伺机要铲除铁木真这个可怕的对手。恰好札木合的弟弟岱察尔因为劫掠铁木真部下的马群被射死，于是札木合以此为借口纠集了泰赤乌氏族等十三个部落共三万人，向铁木真发起进攻。铁木真也将自己部落的三万人组成十三个翼迎战。双方在答兰巴勒主惕摆开阵势，展开了激战，史称"十三翼之战"。结果铁木真大败，被迫退到斡难河（今鄂嫩河）上游的狭地中去了。札木合率军回去后，他命令用七十口大锅烹煮战俘。此举激起了部下的强烈不满，加上他不善治军，内部各部落首领不合，不少人反而前去投奔铁木真。铁木真虽然失败了，可并没伤元气，他在失败后更加注意收拢民心。在一次围猎中，他故意将快要到手的野兽驱入泰赤乌部属照烈氏的猎场，让他们多获。照烈氏首领本来就不满意泰赤乌贵族的欺凌，见铁木真如此仁义，便率部投奔了铁木真。没有多长时间，铁木真的力量又壮大起来了。

十三翼战役之后不久，金朝接连发动了对塔塔尔部落的战争。塔塔尔部落原先依附于金朝攻打别的部落，但是在金兵进攻呼伦贝尔地区时，塔塔尔人趁机拦夺金兵的羊马，因而同金朝发生冲突。公元 1196 年，金朝派兵攻打塔塔尔部，铁木真为报世仇，抓住这个有利时机，立即出兵帮助金朝攻打塔塔尔部。结果塔塔尔部大败而逃，铁木真借机捕杀其首领，掠走其车马粮饷，并声称是"为父祖报仇"。铁木真不仅获取了大量的物资，赢得了好名声，更重要的是同金朝结成了联盟，并接受金朝皇帝授予的"诸部统领"的官职。金朝的封赏大大提高了铁木真的政治权力，从此，他就利用朝廷命官的身份，号令蒙古部落、统辖其他贵族。

铁木真的不断壮大，使他的敌人联合起来一起对抗他。公元 1201 年，札木合搜罗一批败散的贵族包括塔塔尔、泰赤乌等十一个部落联合起来，结成了一个松散的联盟，立誓要消灭铁木真。铁木真得知消息后，同克烈部首领、父亲的"义兄弟"脱里汗联合起来，共同迎击强敌。最终铁木真打败了札木合，随之又横扫了塔塔尔部落，占据了水草丰美的呼伦贝尔草原。从此，铁木真的部落同蒙古草原中部的克烈部、西部的乃蛮部，形成三足鼎立之势。

随着共同敌人的不断消灭，铁木真与脱里汗的关系变得紧张起来。公元 1203 年，企图吞掉铁木真的势力，铲除铁木真对自己的威胁。首领脱里汗本是铁木真尊奉的"罕父"，但为了争夺霸主地位，

中国历代开国皇帝

最终他们反目成仇。脱里汗假意宴请铁木真，想借机杀掉他，不料走漏消息，双方在合兰真沙陀进行了一场血战。双方虽苦战了一阵，但由于脱里汗得到札木合的支持，铁木真终因寡不敌众而全军溃败。

不久，铁木真又收拢残部，假意同克烈部求和，并愿意归顺脱里汗。脱里汗信以为真，铁木真却在夜间突然袭击了克烈部。经过三天三夜的激战，铁木真终于击败了克烈部，脱里汗逃入乃蛮部界内，被乃蛮部所杀。从此，整个漠北草原，只有乃蛮部可以同铁木真相抗衡。

乃蛮部是蒙古草原西部的霸主，实力非常强大。克烈部的覆灭震惊了乃蛮统治者，自恃强大的乃蛮部首领太阳罕决定出兵讨伐铁木真。然而，乃蛮部落内部并不团结，军纪松弛，部将各有各的打算。公元 1204 年四月，铁木真重整军队，率军迎战太阳罕。双方在纳忽山展开激战，结果太阳罕受了重伤，率部突围时，大部分将士从山崖上掉下摔死，剩余部下人马相踏，死伤惨重，太阳罕也因伤重不治而死去。铁木真乘机征服了乃蛮的部众。

铁木真经过一系列的谋划、征战，终于铲除了草原上最后一个霸主，使西起阿尔泰山、东至兴安岭的整个漠北草原上的各部落，几乎全都成了铁木真家族的部属。从此，铁木真的部属成为蒙古草原上一支最强大的力量。

公元 1206 年，铁木真召集贵族首领们在斡难河源举行大会。在这次会议上，铁木真被推为"成吉思汗"（"成"意为气力强固，"吉思"为多数），意为"全天下之皇帝"，象征着铁木真具有广阔无比的权利。他建立的国家称为"也客·蒙古·儿鲁思"，即"大蒙古国"。至此，蒙古各部都统一在大蒙古国的旗号之下，一个统一的蒙古民族共同体出现在世界舞台上。

改革旧制

建立帝国之后，铁木真建立了一套比较完整的统治机构，对以前的部落制管理进行了彻底的改革。

●推行千户制度

成吉思汗将蒙古各部落的成员按照千户的形式组织起来，由各位开国功臣担任千户那颜进行统治。由此，蒙古政体正式转入封建领主分封制。

千户制度是蒙古国家政治体制中最重要的一环。作为统一的基本军事单位和地方行政单位，千户取代了旧时代的部落或氏族结构。通过编组千户，全蒙古百姓都被纳入严密的组织之中，由大汗委任的千户长管领。为防止百姓逃跑或千户之间为争夺牧地而发生争执，成吉思汗规定，每个千户的领土都不得随意扩大，相互之间必须严格遵守界限，违反规定的人必将受到严惩。各个千户的百姓在指定的牧地范围内居住，任何人都不得擅自离开所属的千户。国家按千户征派赋税和调拨军队。所有民户都应在所属千户内"著籍应役"，负担差役，无论贵贱都不能免。凡十五至七十岁的男子都要服兵役，随时根据命令自备马匹、兵杖、粮草，由千户长率领出征。"上马则准备战斗，下马则屯聚牧养"。

另外，千户制度也是成吉思汗防止旧贵族复辟的重要措施。任何千户长，不管地位多么尊崇，都是王室的臣仆。那颜阶级是成吉思汗"黄金家族"统治人民的支柱。通过这一套措施，使大批原来的部落人口被分编在不同的千户中，逐渐消除各部落之间的界限，开始形成共同的蒙古族。

●建立严格的军事制度

为确保至高无上的汗权，铁木真建立了一支更强大的由大汗直接控制的常备武装。他将护卫军扩充至万名，由一千名宿卫、一千名箭筒士和八千名散班组成。其主要责任是保护大汗的金帐和分管大汗委派的各种事务，同时也是大汗亲自统领的作战部队。铁木真还任命他的亲信——最早归附他的博儿术、者勒篾为众官之长，总揽全部事务，形成了一个强有力的权力机构。在这个机构中，核心成员多来自外族或非贵族出身的人，而原来的贵族成员完全被排斥在外。

铁木真还规定了严格的护卫轮流值班制度。他命令其亲信博尔忽、博儿术、木华黎、赤老温四家世袭担任四个护卫之长，他们是大汗的亲信内臣。护卫之长作为大汗的侍从近臣，地位居于千户那颜之上，担任着中央政府的职能，同时，他们常作为使者出外传达旨意，处理重大事务。他们被调任外官时，多担任重要职务。因此，充任卫士成为那颜阶级做官最便捷的途径。

铁木真掌握着这样一支最强悍的亲信军队，足以制约在外的诸王和那颜。各级那颜的子弟被征为护卫军，等于"质子"。这有助于铁木真更牢固地联系和控制分布在各地的那颜，使他们效忠于自己。护卫军成为铁木真巩固新生的统一国家、防止旧贵族复活及对外掠夺和扩张的有力工具。

●"别乞"和蒙古文字

"别乞"与蒙古文字是成吉思汗对广大牧民进行精神、思想方面统治的主要手段。蒙古人当时普遍信仰萨满教（一种原始巫教），他们相信巫师能够与上天通话交谈，传达上天的旨意。为了使自己的统治思想通过"长生的天"的名义去制服各部落首领和广大人民，成吉思汗在建国大会上，又任命兀孙老人为"别乞"，主管萨满教事务，并规定全体臣民都要尊敬"别乞"。

蒙古人原来没有文字，调发兵马时靠结草为记或刻木记事。公元 1204 年，成吉思汗消灭乃蛮部落时，俘获畏兀儿人塔塔统阿后，因他精通本国文字，就命他教子弟学习。其后又有不少畏兀儿人被任用为蒙古贵族子弟的教师，他们为蒙古文字的创制做出了贡献。畏兀儿蒙古文字创制出来以后，铁木真就用它发布命令、登记户口、编集成文法（大札撒）、记录所办案件等。在他的护卫军中，专门设有书记一职，掌管文书，这就进一步加强了国家机器的职能，成为加强统治的重要辅助手段。

●进行法律制度的改革

大断事官实际上是蒙古国的最高行政官，相当于汉族官制中的丞相。公元 1206 年，铁木真任命养子失吉忽秃忽为大断事官，专门掌管民户的分配。铁木真又命失吉忽秃忽审断刑狱词讼，负责惩治盗贼，察明诈伪，施以刑法。大断事官之下还有若干断事官作为僚属。此外诸王、贵戚、功臣有分地者，也各置断事官管治其本部百姓。

在蒙古人长期形成的种种社会习惯和行为规范的基础上，铁木真重新确定了训言、札撒和古来的体例，制定了蒙古法律——"大札撒"。札撒主要由习惯法和训令构成，是当时蒙古人民必须遵奉的法律。其中规定：那颜们除君主外不得投托他人，违者处死；擅离职守者处死；构乱皇室、挑拨是非、助此反彼者处死；收留逃奴而不交还其主者处死；盗人马畜者，除归还原马外，另赔偿同样的马九匹，如不能赔偿，以其子女作抵，如无子女，则将其本人处死等。这些无疑都是保护最高统治权和那颜阶级利益的条款。此外，札撒还有一些保护游牧经济和社会秩序的条款。"札撒"的制定，对统治被征服的民众，整顿社会秩序，加强蒙古政权等起到了积极作用。

成吉思汗统一蒙古的业绩以及他加强集权统治的措施，构建了蒙古帝国的基本骨架，削弱了固有的蒙古贵族势力，巩固了铁木真的汗权，同时也为他日后的扩张做了必要的准备。

扩张领土

统一蒙古后，征服邻国成了成吉思汗的主要目标。三次大举入侵西夏，迫使西夏王献女请和，并每年向蒙古进贡。几次攻打金国，使金国国力衰竭，并于公元1215年占领金国都城中都。

公元1217年，成吉思汗准备集中力量西征，继续扩大领土，把对金朝战争的指挥权全权交给左军万户木华黎，封他为太师国王，并明确告诉他军事、行政可以自己酌情处理。随后，他整顿军队，准备全力西征。

在蒙古国的西边，还存在着一个古老的民族——畏兀儿，它的西边还有西辽王朝。西辽王朝统治着河中一带，一度是中亚地区最强大的国家。畏兀儿也在它的控制之内。成吉思汗看重畏兀儿的文化，便采取拉拢、收买的办法，占领了畏兀儿地区，打开了通往西域的交通要道。成吉思汗通过畏兀儿人，进一步了解了西方的情况。随之，在公元1218年，成吉思汗亲率数万精锐铁骑，一举攻灭了西辽王朝。从此蒙古版图开始同中亚另一个更强大的国家——花剌子模接壤。

花剌子模是位于阿姆河下游、威海南岸的一个文明古国，当时正处于鼎盛时期。成吉思汗征服金国时，公元1215年底，花剌子模国王摩诃末为了探听蒙古国虚实，便派使团带着锦缎、布匹，来见成吉思汗。成吉思汗热情地接待了使团，为了表示自己的诚意，成吉思汗用高价买下使团带来的礼物，同时又派出一队蒙古使团，回访花剌子模，并带了很多珍贵的礼品。不料蒙古使团行至讹答剌城，被花剌子模驻守将领劫获，经国王同意，没收全部礼品，除留一个人跑回蒙古送信外，其他使团成员全部被杀。成吉思汗闻讯大怒，三天三夜滴水未进，哭着对天起誓，必报此仇。公元1219年，成吉思汗集结了十多万精锐军队，开始向花剌子模大举进攻。

花剌子模国力虽然强大，但遇到骁勇善战的成吉思汗和他率领的部队也不知所措。为了试探敌军，成吉思汗或派游骑四出，或登高瞭望，或搜捕居民了解情况。在掌握了地势、道路、粮草的情况之后，蒙军再驻营扎垒。交战时，他先派骑兵冲击敌阵，敌方松动后则长驱直入；如前队冲击不利，则中队、后队接踵而来，轮番连续冲击，直到把敌军冲垮为止。然后成吉思汗又指挥蒙军从四面八方包围过来，歼灭敌人。有时蒙军进攻时用牛马搅敌，弓箭手开路，退兵时用土撒、拖木，使尘土冲天，阻止敌人追击。攻城时常用火炮发射、挖掘地道、或用引水灌城等战术。在强大无比的蒙古军面前，花剌子模的军事重镇撒马耳干、不花剌、玉龙杰赤等城池接连丢失，最后，国王被迫逃到黑海的一个小岛上，不久病死。花剌子模国王的儿子札兰丁继续组织残余力量抵抗，并屯兵于八鲁湾。成吉思汗派兵围剿，最后，蒙军在中河边大败札兰丁，札兰丁逃入印度境内。从公元1219年到1222年，成吉思汗率领蒙古铁骑，在中亚、波斯的广大地区到处驰骋，给花剌子模国王以毁灭性的打击。公元1222年，蒙军占领整个花剌子模和中亚。

在进攻花剌子模的同时，成吉思汗又派哲别、速不台等北越太多和岭（高加索岭），进入东欧翰罗思（俄罗斯境内）。公元1223年歼灭南俄联军八万人于迦勒迦河（喀尔科河）畔（今乌克兰境内）。不久，成吉思汗班师东归。

成吉思汗的西征，打开了东西方交通的道路。从这时候起，中国各族人民不断进入中亚、波斯等地，中亚、波斯、钦察、阿拉伯以至欧洲的人民也不断来到中国，彼此加强了联系。

蒙古族发展简史

蒙古族是东北亚主要民族之一，也是蒙古国的主体民族。除蒙古国外，蒙古族人口主要集中在中华人民共和国的内蒙古自治区和新疆及临近省份以及俄罗斯联邦。全世界蒙古族人约为一千万人，语言为蒙古语。其中，一半以上居住在中国境内。

据《史记》记载，蒙古部最初只包括捏古斯和乞颜两个氏族，后来被其他突厥部落打败后只剩下两男两女，他们逃到了额尔古涅昆（额尔古纳河畔山岭）一带居住下来。公元8世纪，由于人口的不断增长，不得不向外迁徙，这时已分出了七十个分支了，这七十个分支被称为"迭儿勒勤蒙古"。《蒙古秘史》和《旧唐书》记载：苍狼和白鹿是成吉思汗的祖先，他们奉上天之命降生到人间。然后共同渡过腾汲思，在斡难河源头、不儿罕山前开始繁衍生息，生下了巴塔赤罕（成吉思汗的始祖）。

关于蒙古民族的真正族源的问题，现、当代多数学者认为蒙古族出自东胡。东胡，是包括同一族源、操有不同方言、各有名号的大小部落的总称。司马迁《史记》记载："在匈奴东，故曰东胡。"公元前5至前3世纪，东胡各部还处于原始氏族社会发展阶段，各部落过着"俗随水草，居无常处"的生活。

4世纪中叶，鲜卑人的一支，自号"契丹"，生活在潢水和老哈河流域一带；而居于兴安岭以西（今呼伦贝尔地区）的鲜卑人的一支，称为"室韦"。室韦与契丹同出一源，以兴安岭为界，"南者为契丹，在北者号为室韦"。6世纪以后，室韦人分为南室韦、北室韦、钵室韦、深末怛室韦、大室韦等五部，各部又分为若干分支。

按语言学家从语系方面的推论，活动在蒙古地区的诸部分为蒙古语系和突厥语系两大部分。在突厥文史料中，称室韦为"达怛"（鞑靼）。公元732年，在斡尔浑河右岸建立的《阙特勒碑》文中，记有三十姓达怛。三十姓达怛可能是紧邻突厥的一个强大的室韦部落或部落联盟的名称，突厥人用这一名字称呼所有的室韦部落。

后来，由于蒙古部的强大，"达怛"一名逐渐又被"蒙古"所代替，成为室韦诸部的总称。文字记载蒙古之称谓，始见于《旧唐书》，称作"蒙兀室韦"，是大室韦的一个成员，居住在额尔古纳河以南地区。

12世纪时，这部分人子孙繁衍，氏族支出，分布在今天的鄂嫩河、克鲁伦河、土拉河三河上源和肯特山以东一带，组成部落集团。其中较著名的有乞颜、札答兰、泰赤乌、弘吉剌、兀良合等民族和部落。当时与他们同在蒙古高原上的有游牧在今贝加尔湖周围的塔塔尔部，住在贝加尔湖东岸色楞格河流域的篾儿乞部，活动在贝加尔湖西区和叶尼塞河上源的斡亦剌部。这三部都使用蒙古语族语言。另外，还有三个信奉景教的突厥贵族统治的蒙古化的突厥部落，即占据回鹘汗庭故地周围的克烈部，其西的乃蛮部，和靠近阴山地区的汪古部。

这些部落按其生活方式和发展水平，大致分为"草原游牧民"与"森林狩猎民"两类。第一类包括久住原地过着游牧生活的突厥诸部和后来迁入接受突厥影响完成向游牧生活过渡的蒙古诸部；第二类是留居森林地带，主要从事狩猎的诸部。

随着畜牧业生产的发展，出现了阶级分化；阶级对立代替了氏族的平等关系。富裕的人从氏族中分离出来，成为叫做

"那颜"的游牧贵族，他们占有众多的牧畜，握有支配牧场的权力，一些强有力的游牧贵族还在身边聚集一批称为"那可儿"的军事随从。一般牧民称为"哈剌出"，由原来有平等权利的氏族成员变为向贵族纳贡服役的依附者。还有因俘掠或其他原因沦为奴仆地位的被叫做"孛斡勒"的人。

1206 年，铁木真在斡难河畔举行的忽里勒台（大聚会）上被推举为蒙古大汗，号成吉思汗，建立了大蒙古国。蒙古国的建立，对蒙古族的形成具有很大意义。从此，中国北方第一次出现了统一各个部落而成的强大、稳定和不断发展的民族——蒙古族。凡是这个国家统辖的漠南、漠北地区，概称为蒙古地区，此地区各个部落的居民，统称为蒙古人。蒙古族改变了从辽、金时期（916～1234 年）被统治的民族的地位，成为统治民族。

在伟大的政治家、军事家成吉思汗的率领下，从 1219 年到 1260 年，蒙古族三次西征，先后建立横跨欧亚的窝阔台、察合台、钦察、伊儿四大汗国。在西征的同时，又挥师南下。从成吉思汗到忽必烈，历经七十余年征战，统一了中国，建立元朝。其疆域北至今西伯利亚，南至南海，东北至今乌苏里江以东，西南包括云南，都纳入元朝国家的行省建置。元朝设置宣政院，首次对西藏进行直接管辖，又设澎湖巡检司管澎湖和台湾。元朝对确立现代规模的中国版图做出了巨大的贡献。

由于南下或西征，蒙古族民众被征调各地，因此，蒙古族的分布散及全国。公元 1368 年，元朝灭亡，残余力量退居蒙古草原。蒙古分为东西两部：东部蒙古游牧于漠北和漠南，其首领为元室后裔，被视为蒙古的正统；游牧于漠西的瓦剌部（即原斡亦喇部）被称为西蒙古，与东蒙古有姻亲关系。

15 世纪，蒙古南北被达延汗重新统一，分东部蒙古为喀尔喀、兀良哈、鄂尔多斯、土默特、察哈尔、喀剌沁（永谢布）六部。明末清初，蒙古处于分裂割据状态，以大漠为界，分为漠南蒙古、漠北（喀尔喀）蒙古、漠西（厄鲁特）蒙古三部分。漠南蒙古西部的俺答汗注意与明朝修好，发展贸易关系。俺达汗驻地库库和屯（今呼和浩特）修建城郭，商旅辐凑，成为漠南蒙古地区政治、经济、文化中心。清朝为了扫除后方的威胁，大举用兵，花了一个半世纪的时间统一了蒙古各部，实施盟旗制度，从而加强了对蒙古族的统治，保证了蒙古族地区的稳定与发展，但清朝在蒙古地区推广喇嘛教，实行"蒙禁"，导致蒙古族人口减少、人口素质下降。

自元代以来，蒙古族人民在我国的政治、军事、经济、科学技术、天文历算、文化艺术、医学等各个方面都做出了重大贡献。

1947 年在中国共产党领导下建立内蒙古自治区，成为中国建立最早的一个自治区。以后又相继成立了九个自治州、县，分别是新疆巴音郭楞蒙古自治州、新疆博尔塔拉蒙古自治州、新疆和布克赛尔蒙古自治县、甘肃省北蒙古族自治县、青海河南蒙古族自治县、吉林前郭尔罗斯蒙古族自治县、黑龙江杜尔伯特蒙古族自治县、辽宁喀喇沁左翼蒙古族自治县、辽宁阜新蒙古族自治县。

如今的蒙古族，在中国共产党的领导下，更加快速、和谐地发展，与全国各族人民共同走向美好的明天。

元世祖忽必烈

元世祖忽必烈（1215～1294 年），是拖雷之子，成吉思汗之孙，元朝杰出的政治家和军事家。和他的祖父成吉思汗一样，可谓雄才大略，文武全才。1251 年，其长兄蒙哥即大汗位，忽必烈受任总理漠南汉地军国庶事，先后任用汉人儒士整饬吏治，收到良好的效果。

1253 年，与大将军兀良合台远征云南，灭大理国。1258 年，蒙哥兴师伐南宋，授命忽必烈代总东路军。1260 年，在部落诸王的推戴下，即汗位。1271 年，改"大蒙古"国号为"大元"，1272 年迁都元大都（今北京）。随后即举兵南下，直至1279 年灭南宋，完成了其祖父成吉思汗一统江山的宏愿。

建立元朝

1215 年，成吉思汗攻打西夏和金朝，暂回漠北草原上休整，当侍卫送来骑兵已到黄河沿岸的捷报时，忽必烈降生了，因此忽必烈一出世就受到爷爷铁木真的喜爱。随着年龄的增长，忽必烈更是有着平常小孩所没有的智慧，而且武艺超群，这更加受到铁木真的宠爱。但是，好景不成，没过几年，疼爱他的祖父就逝世了，不久，父亲拖雷也离他而去，之后他们过着艰苦的生活。

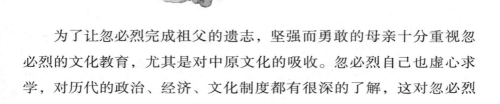

为了让忽必烈完成祖父的遗志，坚强而勇敢的母亲十分重视忽必烈的文化教育，尤其是对中原文化的吸收。忽必烈自己也虚心求学，对历代的政治、经济、文化制度都有很深的了解，这对忽必烈的思想意识的转变有极大的影响。

公元 1251 年六月，忽必烈之兄蒙哥继承汗位。为了把权力确保在拖雷系家族手中，蒙哥即位之后将漠南汉地军国庶事全部委托给忽必烈掌管。

忽必烈到任后，进行了一系列行之有效的措施：一方面拉拢汉族人士，广揽人才，他的幕僚中既有文士又有武将，组成了一支武兼备的队伍；另一方面采取招抚流亡、屯田积粮等措施积聚雄厚的物资、军事基础。从而稳定了该地区的局面，也为他以后攻打大理和四川提供了基础。忽必烈一边积累治世才能，一边建设自己的封地，建立的功勋也越来越多。

但是忽必烈的逐渐壮大，引起了蒙哥的猜疑。特别是在攻打大理国后，更是招来了蒙古诸王和贵族们的嫉妒，不少大臣在蒙哥面前挑拨离间。万般无奈之下，忽必烈只得同意谋臣姚枢的建议，将妻子、儿女送去做人质，以表明自己的一片忠心。紧接着，忽必烈又亲自去谒见蒙哥，这才消除了疑虑。忽必烈以谦恭忍让保全了自己，避免了一场不测之祸。

在蒙古国兵分三路攻打南宋受挫后，忽必烈得到了大汗的任命。接到命令后，忽必烈立刻领兵渡过了淮河，攻占了黄陂，顺利来到长江北岸，与鄂州城仅有一江之隔。如果鄂州被克，东路军的战役行动就可以顺利完成。

然而，正在这关键之时，亲率西路军的蒙哥大汗在攻打钓鱼城的战斗中被石炮击中，不久便死去。这样西路军只好北撤。接到了蒙哥大汗去世的消息，忽必烈立刻摆起香案，向西边叩头表示：一定要拿下鄂州城，为死去的大汗报仇！然而当忽必烈在鄂州城下艰苦征战时，漠北又传来一个令人震惊的消息，让忽必烈立刻放弃攻鄂州，调头北归。

原来，蒙哥死时，阿里不哥奉命留守和林，管理留守的军队。在政治上有着十分优越地位的他，迅速取得了皇后以及蒙哥儿子们的支持，想继承蒙哥的汗位。面对这样的情况，忽必烈的妻子一方面拖延阿里不哥夺权时间，一面写信要忽必烈马上回来。忽必烈接信以后，意识到问题的严重性，所以，匆匆结束对南宋的鄂州战役，回北方去争夺大汗位置。

忽必烈首先遣军去迎接蒙哥的灵车，接收大汗的宝玺。恰在此时，贾似道得知蒙哥大汗死去的消息，便遣宋京去和忽必烈秘密谈判，言明只要忽必烈撤军，双方将以长江为界，南宋每年纳二十万两银，二十万匹绢给蒙古。忽必烈当即同意，随后只留少数人马退守长江北岸，自己则带兵北去争夺汗位。另外，他还派轻骑兵赶到燕京，防止阿里不哥的势力南下。

公元 1259 年底，忽必烈抵达开平，他先遣散阿里不哥的军队，将燕京控制在自己手中。然后派廉希宪前往遭蒙哥大汗贬斥的塔察儿处，馈赠一份厚礼给他，让他拥戴自己。在塔察儿的带动下，许多藩王和勋贵都倒向忽必烈一边。另外，忽必烈接受儒家学说，使得大批汉族官僚支持他。但形势对阿里不哥还是极为有利的，他是拖雷正妻生的幼子，又据守和林，控制大蒙古国本土。按蒙古惯例，幼子有优先作为继承者的权利，因而受到漠北传统贵族的支持。

面对错综复杂的形势，忽必烈也有些拿不定主意。他的谋士廉希宪出了个主意："按通常习俗，阿里不哥虽有继承大汗的可能；但大蒙古国今天还是无主国，不妨趁其还在犹豫彷徨之时，凭借中原人力、物力及各藩王显贵的支持，早日登基。此事一旦成了事实，阿里不哥就被动了。"忽必烈毫不掩饰地说："真乃天助我也，登基之后，你当为开国元勋！"

几天之后，忽必烈主持召开了选举大汗的大会。在会上，塔察儿首先提议，由忽必烈继承大汗位，忽必烈则假意推辞。其余到会藩王及大臣们奉表劝进，声泪俱下，力陈理由。忽必烈说："事到今日，只好如此吧。"于是，1260年三月二十四日忽必烈正式继承大汗位。阿里不哥听到忽必烈自立汗位以后，于五月纠集一部分力量在按坦（今阿尔泰山）自称奉遗诏继承汗位。

一个国家两个大汗，解决的方法只能是武力，从而引起了长达四年多的内乱。

忽必烈在即汗位之后，首先采取的军事措施就是先派廉希宪、商挺为京兆等路宜抚使，安抚关中。当他们得知刘太平、霍鲁怀前来联系六盘山驻军，图谋作乱时，立即采取措施，将此二人杀死。忽必烈遂令陕西、四川宜抚使八椿节制诸军，又令总帅汪惟良征集秦陇、平凉等地部队，加强关中防务，严密监视六盘山部队。值得忽必烈庆幸的是六盘山驻军不但没有乘势直捣京兆，反而因久驻思归，竟沿河西走廊北撤，这就大大缓和了关中的局势，使廉希宪有机会调部队加紧布防。北撤大军到甘州后，碰上阿里不哥派遣的阿兰答儿部，两军会合后，除一部分继续北撤外，大部分又折回南进。到达甘肃山丹县后，阿里不哥的部队正好同八椿、汪惟良部相遇，双方展开激战，结果阿里不哥所属的军队大败，阿兰答儿、浑都海先后被杀。忽必烈得知情况后，立即带领部队亲征阿里不哥的驻地和林，阿里不哥闻讯逃往谦州，忽必烈在第一阶段的交锋中终于占据了优势。

公元1261年九月，阿里不哥经过一番休整，假意归顺忽必烈，带领部队前往和林。等到达和林后，他采取袭击战的方式，击败忽必烈所属的也先哥部，随之占领和林，接着又挥师南下。忽必烈赶忙命令张柔、严忠嗣、张宏等七部汉军，与阿里不哥军大战。双方激战数日，难分胜负。至冬，阿里不哥率部北撤，忽必烈部南返。第二年春天，阿里不哥带部队进驻阿力麻里地区。由于阿里不哥治军不严，纵兵烧杀抢掠，内部将领互不团结，闹得军队日衰。公元1264年春天，阿里不哥部又闹起饥荒，民怨沸腾，兵士四处逃散。阿里不哥被迫无奈，于当年七月归降忽必烈，不久后因病死去。

　　阿里不哥被打败了，但中原汉族军阀李璮的叛乱对忽必烈仍然是一大威胁。李璮原是成吉思汗南侵时，农民起义将领李全之子。李全后来率起义军投降了蒙古，在攻南宋时战死。其子李璮承袭益都（今山东益都）行省职，成为山东军阀，臣服蒙古。忽必烈继王位后，李璮暗中招兵买马，囤积军粮，赶制兵器，准备谋反。当时，忽必烈正同阿里不哥打得难解难分，无力兼顾，便采取重金收买的方式，稳住李璮，并授以高爵，以换取后方的暂时安定。

　　尽管忽必烈对李璮采取拉拢收买的办法，可李璮见忽必烈与阿里不哥打得正紧，于公元1262年二月三日，公开举行叛乱。他将涟、海等州献给南宋，遣使请求南宋支援。忽必烈立即命诸王合必赤总督诸路军马，讨伐李璮。来自河南、河北、山东等地的蒙汉部队围攻李璮，将李璮困于济南城中。李璮向四处求救，希望得到山东、河北等地军阀的响应，但是响应者无几。数月之后，城中粮尽，李璮无计可施，便投大明湖自尽，由于水浅未能淹死，被蒙军抓获，随被斩杀。李璮的叛乱被平息了。

　　忽必烈在平定了内乱之后，又开始进行了对南宋的战争，决心统一全国。

　　这时，偏安江南的南宋朝廷已彻底腐败。宋理宗赵昀不理政事，阎妃受宠乱政，与宦官董宋臣狼狈为奸。后继者宋度宗赵禥、恭宗赵显更是昏庸无能，横征暴敛，使江南老百姓受尽了苦难。

公元1267年，忽必烈以南宋当局扣留信使为借口，命阿术为主帅，举兵大规模进攻南宋。他采取南宋降将刘整的建议，集中优势兵力，进攻江、汉之间的军事重镇襄、樊两城。公元1271年五月，又令四川等地军队，水陆并进，包围襄、樊。宋军多次向临安求援，但贾似道隐匿军情，不派援军。襄、樊两城军民奋勇抵抗，坚守城池。忽必烈久攻不下，就采取张弘范之计，先切断襄、樊两城水上联系，又集中力量先攻陷樊城，襄城守将荆湖都统吕文焕见大势已去，便投降了忽必烈。

襄、樊是通向江南的大门，占据了襄、樊后，忽必烈兵分两路，一路从两淮方向进攻，牵制宋兵；一路从襄阳沿汉水而下，进入长江，直指南宋都城临安。公元1276年正月，在强大的蒙军面前，谢太后、宋恭帝赵显只好投降了忽必烈，南宋随之灭亡。

忽必烈统一全国，不仅表现了他卓越的军事才能，同时表明了他有一套经略中原的政治策略。公元1271年十一月，他就公开宣布废除大蒙古国号，取《易经》中"乾元"之义，定国号为"大元"，完全采取了中原历代帝王统治中国的组织形式，从而保证了统一全国战争的最后胜利。随着南宋的灭亡，一个规模空前、全国一统的封建王朝正式建立，中原数百年的混乱从此结束。

中央集权

忽必烈在消灭南宋、统一全国以后，广泛征求大臣的意见，采取了各种措施，巩固、发展新生政权。

●行政管理体制

在中央设中书省为最高行政机关，总揽全部政务，下设吏、户、礼、兵、刑、工六部，各设尚书、侍郎。中书省长官为中书令，以下有左、右丞相即实际的宰相。设枢密院掌管兵权，且负责宫廷禁卫及军官选任及调迁事宜，其官长为枢密使，多由皇太子兼任。设置御史台以掌司法，官长为御史大夫，下设御史中丞、侍御史、治书御史。御史台所辖机构有殿中司及察院。殿中司设置殿中侍郎史两名，掌管朝仪、殿中纪律及在京百官到任、告假等事宜；察院置监察御史三十二名，负责检举百官之事。

另外，还设大司农，掌农桑水利；设翰林兼国史院，掌制诰文字，纂修国史；设集贤院，掌提调学校、征集人才；设宣政院，掌宗教及吐蕃事务；设宣徽院，掌诸王供应；设太史院，掌天文、历数；设通政院，掌管驿传；设操作院，掌工匠等，组成了元朝复杂的中央政府统治机构。

地方一级的行政机构，有行省（全称为"行中书省"）、廉访司等。各行省的组织均仿中书省，皆设丞相、平章政事、右丞、左丞、参知政事等，处理一省的政务，掌管全省民政、财政、经济和军事。元朝的行省制使中央对地方的控制更加严紧，对以后各朝代的政治制度影响很大。元朝以后，行省的名称一直沿用下去。我们现在所设的"省"，也是从那时沿用下来的。在行中书省下，又设辖路、府、州、县四级，它们的关系一般是路辖州、州辖县，府有的隶属于路，有的直接受制于中央，即所谓直隶府。为了防止行省官员职权过重，忽必烈有意识地让行省丞相一职经常空缺。他还再三强调，行省的大小官员皆由朝廷直接任命。这样既加大了地方官的权限，同时又加强了中央的高度集权。

同以往历代相比，元朝的国土扩大了许多，对于各边陲地区，忽必烈也迅速建立相应的行政管理机构。如在辽阳行省之下，专门设有机构管辖黑龙江下游、乌苏里江两岸和骨嵬。后来还在岭北行省下设盖兰州，为了进一步加强天山南北的管理，忽必烈在哈剌大州设北庭都护府，后来又设别失八里、和州等处宣慰司，立屯戍、行交铺、征赋税、设站赤。对于边疆各少数民族的管理，忽必烈也改派官员前去代替原来少数民族的酋长，并利用内地的人力、物力去支援和指导当地的经济、改革旧俗，以提高文化素质和防灾救饥。

● 加强军事集权

为了加强军事上的控制能力，忽必烈除发展原有的亲军以外，又相继改右、左、中、前、后等五卫亲军，并且要求江南归附官员三品以上的人，均遣一子到大都充当皇帝侍卫，表面上是重用，实际上是作为人质。随着国土的增辟，忽必烈将原南宋军队整编为新附军，以表示有别于原有的蒙古军、探马赤军及汉军。按规定：近卫军的主要任务是保卫大都、上都及附近地区，蒙古军和探马赤军则驻在腹地和河南行省地区，汉军多驻在长江以南，新附军一般不驻长江以北。

所有军队隶属于枢密院或行枢密院，而枢密院或行枢密院直接听候忽必烈的命令，没有忽必烈的命令，一律不得擅自调动部队。忽必烈加强军事集权的做法，有利于维护国家的统一，也表现出这位开国皇帝的政治抱负。

● 发展经济

由于连年战争的破坏，北方地区社会生产濒于绝境，为了使农业得到恢复和发展。忽必烈专门设立了劝农司，其主要职能是"劝诱百姓，开垦田土，种植桑枣"。另外，经张文谦推荐，当时已闻名退迩的科学家郭守敬受到忽必烈召见，并被委派为诸路河渠的提举之职。郭守敬果然不负众望，整治了不少淤塞多年的古渠，使九万多顷荒地变成了良田。

忽必烈曾发布诏令，"以户口增，天野辟"作为考核官吏的首要标准。并三令五申：禁止军队抢占农田为牧场，禁止毁损庄稼。同时，在重新整理户籍基础上减轻百姓负担。此外，规范货币制度，改变了多年来钱钞价值标准混乱状况，也有利于商业贸易。

在国内经济建设方面，忽必烈的最大贡献是开展南北海运和重修南北大运河。自隋唐以来，南粮北调的漕运成为历代王朝十分重视的问题。伯颜攻下临安后，曾试图经古运河，把集中在扬州一带的漕粮北运，但由于运河年久失修、河道多处淤塞，于是他上表忽必烈，希望忽必烈暂时改由海运。忽必烈批准了伯颜的请求。海运远比陆运或水运简捷得多，此后海运漕粮逐年呈上升趋势，到公元1290年，海漕运输的粮食已增至一百五十余万石。大规模的海运使元朝朝廷拥有上千艘海船和数以万计的船员，每年都有庞大的船队航行于东海、黄海和渤海海面，这是我国人民征服海洋的第一次壮举。

虽然海运解决了大都皇家和百姓口粮所需，但海运主要依靠风力，并经常受到海浪冲击，航行极不安全。忽必烈决定重新开通南北大运河，一来南粮北调可以河海两路并举；二来通过运河可派官员经水路南下巡视。于是他颁发告令，征集民夫三万，大修从东阿至通州水道，仅用半年时间就完成了。至此，从大都到杭州，连接海河、黄河、淮河、长江和钱塘江五大水系的南北大运河又沟通起来。在大运河沿岸一批旧有的城市更趋繁荣，一些新的市镇应运而生。每年届漕运之际，帆樯如林，百货会集，市肆栉比，一派兴旺繁荣景象。

●加强南北交流，发展对外贸易

随着国家的大一统，恢复和加强南北经济的交流，发展对外经济贸易的事提到议事日程上来。在忽必烈统治元朝的三十五年中，国内各地区的联系进一步加强，国际之间的商业贸易空前繁荣，泉州、抚州、广州、大都等都是当时开展海外贸易的城市，其中，大都成为国际经济、文化中心，是世界上最大的城市之一。

在广州、泉州、庆元（宁波）等地，元政府设立市舶提举司（简称市舶司），专门管理海外贸易。当时与中国贸易的国家和地区有一百四十多个，其范围东到日本、高丽，西抵波斯湾、红海和非洲东海岸。

通过频繁的贸易往来，中国伟大的科学发明——罗盘针、火药、印刷术等先后辗转传入欧洲，同时国外的天文学、医学，尼泊尔精湛的建筑艺术，日本的染布印花艺术，也都在这时传入我国。

●对文化方面的改革

忽必烈建元初期，就在朝廷机构中添改了翰林国史院，组织官员们编修国史。他还采纳了姚枢"立学校以育才"的建议，开设学校，教育贵族子弟，以许衡为国子祭酒、窦默为侍讲学士。由于忽必烈的支持和倡导，在元朝统治的九十多年中，各代统治者奉行的仍是儒家学说。

另外，忽必烈对创制新蒙古文字也做出了贡献。他从治统治需要出发，希望有一种统一的文字。因此，他特命国师八思巴创制蒙古新文字。八思巴经过艰苦努力，终于创制出新的蒙古文字。忽必烈规定，今后凡是颁发诏书告令，只准使用蒙古新文字。由于朝廷的大力支持，使蒙古新文字成为官方文字。随着各种蒙古字学和国子学的开设，新蒙古文在蒙古贵族子弟中得到推广，但在民间仍未能普遍流行。

●民族压迫政策

忽必烈统治时期还在全国实行了一条蒙古族至上的民族压迫政策。他把全国人民划分为四个等级：第一等，蒙古人，指原来蒙古族的各个部落；第二等，色目人，指西域地区的各国人，如中亚、波斯等到中国来的人；第三等，汉人，指北方的汉人、契丹、高丽、女真人等；第四等，南人，指原来南宋统治下的汉族和其他民族。忽必烈把人划分四等，是有意制造民族矛盾和差别，以达到统治全国的目的。如他把汉族分为汉人和南人，就是为了分裂、瓦解汉人，削弱汉人的力量。这四个等级在政治待遇和法律地位上都是不平等的。蒙古人、色目人受到优待，汉人、南人受到歧视。如蒙古律典规定，蒙古人、色目人殴打汉人、南人，汉人、南人不得还报；汉人、南人杀人者处死，而蒙古人因斗殴致死人命者，只交一点银钱即可免罪。这种极不平等的民族压迫政策，是以忽必烈为代表的游牧民族贵族保守、狭隘思想的突出表现。

忽必烈入主中原以后，注意吸收中原历代帝王治国思想中有用的东西，同时又保留了一些大蒙古国传统的统治方法，两者并举，分不同的民族，不同的地区，根据具体情况分别进行治理，从而巩固了他在中原地区的统治，维护了国家的统一。

■ 相关链接

蒙古族服饰

蒙古族居住在蒙古高原，气候寒冷，加上蒙古人民以游牧为主，马上活动的时间较长，因此，其服饰必须有较强的防寒作用且便于骑乘，长袍、坎肩、皮帽皮靴成了他们的首选服饰。

但因地区不同在式样上会有所差异。以女子长袍为例，科尔沁、喀喇沁地区的蒙古族，多穿宽大直筒到脚跟的长袍，两侧开叉，领口和袖口多用各色套花贴边；锡林郭勒草原的蒙古人则穿肥大窄袖镶边不开叉的蒙古袍；布里亚特妇女穿束腰裙式起肩的长袍；鄂尔多斯的妇女袍子分三件，第一件为贴身衣，袖长至腕，第二件为外衣，袖长至肘，第三件无领对襟坎肩，钉有直排闪光纽扣，格外醒目；而青海地区的蒙古人穿的长袍与藏族的长袍较为相近。除了青海以外，男子的服饰各地差别不大。

腰带是蒙古族服饰重要的组成部分，用长三四米的绸缎或棉布制成。男子腰带多挂刀子、火镰、鼻烟盒等饰物。蒙古族靴子分皮靴和布靴两种，蒙古靴做工精细，靴帮等处都有精美的图案。佩挂首饰、戴帽是蒙古族习惯。各地区的帽子也有地方特色。内蒙古及青海等地的蒙古族的帽子顶高边平，里子用白毡制成，外边饰皮子或将毡子染成紫绿色作装饰，冬厚夏薄。帽顶缀缨子，帽带为丝质，男女都可以戴。呼伦贝尔的巴尔虎、布里亚特蒙古，男带披肩帽，女带翻檐尖顶帽。玛瑙、翡翠、珊瑚、珍珠、白银等珍贵原料使蒙古族的首饰富丽华贵。男子的颜色多为蓝、黑褐色，也有的用绸子缠头。女子多用红、蓝色头帕缠头，冬季和男子一样戴圆锥形帽。未婚女子把头发从前方中间分开，扎上两个发根，发根上面带两个大圆珠，发梢下垂，并用玛瑙、珊瑚、碧玉等装饰。

蒙古族服饰具有浓厚的草原风格。因为蒙古族长期生活在塞北草原，蒙古族人不论男女都爱穿长袍。牧区冬装多为光板皮衣，也有绸缎、棉布衣面者。夏装多布类。逢年过节一般都穿织锦镶边的绸缎衣服。长袍身端肥大，袖长，多红、黄、深蓝色。男女长袍下摆均不开衩。红、绿绸缎做腰带。

蒙古族摔跤服是蒙古族服饰工艺。摔跤比赛服装包括坎肩、长裤、套裤、彩绸腰带。坎肩袒露胸部。长裤宽大。套裤上图案丰富，一般为云朵纹、植物纹、寿纹等。图案粗犷有力，色彩对比强烈。内裤肥大，用十米大布特制而成。利于散热，避免汗湿贴于体表；也适应摔跤角力运动特点，使对手不易使用缠腿动作。套裤用坚韧结实的布或绒布缝制。膝盖处用各色布块拼接组合缝制图案，纹样大方庄重，表示吉祥如意。服装各部分配搭恰当，浑然一体，具有勇武的民族特色。

　　蒙古民族服饰是蒙古族传统文化不可分割的组成部分。历代蒙古人民在长期的生活和生产实践中，发挥自己的聪明才智并不断吸收兄弟民族服饰的精华，逐步完善和发展自己传统服饰的种类、款式风格、面料色彩、缝制工艺、创造了许多精美绝伦的服饰，为中华民族的服饰文化增添了灿烂的光辉。

明太祖朱元璋

明太祖朱元璋（1328～1398年），原名重八，后取名兴宗。汉族，濠州（今安徽凤阳县东）钟离太平乡人，明王朝的开国皇帝。二十五岁时参加郭子兴领导的红巾军反抗蒙元暴政，龙凤七年（1361年）受封吴国公，十年自称吴王。元至正二十八年（1368年），在基本击破各路农民起义军和扫平元的残余势力后，于南京称帝，国号大明，年号洪武，建立了全国统一的封建政权。朱元璋统治时期被称为"洪武之治"。葬于明孝陵。

建立大明

公元1328年，朱元璋出生在安徽凤阳一个贫苦农民的家里。朱元璋兄弟姐妹共八个，朱元璋最小，乳名重八，加入郭子兴起义军后，才正式取名元璋。

因为家贫，童年的朱元璋没有上过私塾。他常和小伙伴们去村子旁边的皇觉寺玩耍。寺内的住持见他聪明伶俐，讨人喜爱，便教他识字。朱元璋聪明过人，时间久了，也略知一些文字了。几年之后，迫于生计，朱元璋不得不到村中地主家放牛。在放牛时，他结识了徐达、汤和、周德兴等人，并成为非常要好的朋友。公元1344

年，朱元璋的家乡灾难重重，大旱、蝗灾、瘟疫纷纷而来，父母先后染病身亡，不能独立谋生的朱元璋没有办法，只好入皇觉寺剃度为僧。可是，不久后又遇到饥荒，被逼无奈。他只好外出化缘。在饱尝了四年艰辛的化缘生活后，公元 1348 年，流浪异乡的朱元璋回到皇觉寺，得过且过地过日子。

公元 1351 年，农民领袖刘福通起兵反元，随后各地义军四起。身居佛门的朱元璋，收到幼年玩伴汤和的来信，声称他已投奔郭子兴手下，希望朱元璋"速从征，共成大业"。重八权衡了当时的几支起义军后，决定投奔郭子兴。

不久后，身着袈裟的朱重八来到濠州城下，求见郭子兴，当时，天刚蒙蒙亮，守城的义军士兵见一个和尚非要见首领，怀疑他是元军的奸细，就把他五花大绑起来，准备斩首。正在这时，郭子兴骑马经过城门，见一个和尚被士兵们捆绑着要斩首，就问是怎么回事。守城的士兵说要杀掉元军的奸细。这时，朱重八大声说："我不是奸细，是我的朋友汤和邀我来投奔郭子兴大帅的！"郭子兴一听说是汤和的朋友，又点名要投奔自己，很是高兴，见朱重八从容不迫、视死如归的威武劲头，更是喜欢。于是，急忙命人为朱重八松绑，收他做了一名步兵。从此，朱元璋投身到元末农民起义的滚滚洪流中，开始了他的军旅生涯。

朱元璋加入郭子兴的军队后，非常勇敢，每次冲锋陷阵总是冲在前面，又因为他识得一些字，所以深受元帅郭子兴的器重，每次作战，总让他伴随左右。不久，他就被提拔为亲兵九夫长。

朱重八不负郭子兴的厚望，听从指挥，苦练武艺。遇到事情，郭子兴也常常征询九夫长朱重八的意见，而朱重八每次都会提出一些很好的意见，令郭子兴刮目相看，觉得朱重八有勇有谋、有胆有识，是个将才。于是，就大胆地派朱重八单独领兵作战。而每次打仗，朱重八总是身先士卒，十分勇敢。每次缴得的战利品，他都全部上交，自己受的奖赏，也分配给别人。因此，上上下下都十分敬重他，他所领导的军队凝聚力和战斗力极强。郭子兴见后非常高兴，比以前更加器重朱重八。

为了使有胆有识、精明强干的朱重八为自己的心腹，郭子兴决定将义女马秀英许配给他。朱元璋成了郭子兴的女婿，更被视为郭子兴的左膀右臂，而朱重八则有了郭子兴做靠山，身价倍增，大家也都对他另眼相看，更加尊重他了。

当上郭子兴的乘龙快婿后，郭子兴对朱元璋更加信任了，放手让他外出带兵打仗、攻城略地，朱元璋屡屡获胜，战绩辉煌。朱元璋更成为军中举足轻重的人物，众人对朱元璋的侠肝义胆无比敬佩，都诚心归附于他，包括徐达、汤和等人，这些人能文能武，为朱元璋登上皇位出了大力。

手握兵权的朱元璋，再也不愿偏安濠州，与徐达密议，经郭子兴同意后，他带着徐达、汤和等人南下定远，开辟新天地。占据定远后，朱元璋声威大震，四方都来归附，朱元璋的力量不断壮大。对于归来的队伍，朱元璋总会重新组编，并且命人进行严格的军事训练。经过一段时间的整训，朱元璋建立起了一支纪律严明、战斗力强的部队。

公元 1355 年，郭子兴患病身亡，儿子郭天叙代领其部众。刘福通的起义军尊韩林儿为小明王，在安徽亳州建立宋政权。公元 1355 年三月，韩林儿出诏书封郭天叙为都元帅，张天佑为右副元帅，朱元璋为左副元帅。公元 1355 年九月，郭天叙、张天佑二人皆战死。朱元璋又被提升为大元帅。至此，郭子兴亲手缔造的起义军队伍全部归朱元璋调动。

公元 1356 年春，朱元璋亲率军队攻占集庆之后，改集庆为应天府，并充分利用有利形势，以应天府为中心，先后攻克镇江、长兴、常州、宁国、江阴、常熟、池州、徽州、扬州、衢州等地，成为称雄一方的霸主。

公元1357年，朱元璋接受名儒朱升"高筑墙，广积粮，缓称王"的建议，利用战争的空闲时间兴修水利、开荒种田，恢复农业生产，增强经济实力。几年后，不仅解决了军队战时粮食困难的问题，而且粮食还有了大量的剩余，这样就大大减轻了朱元璋势力范围内的农民的负担，军民皆大欢喜，朱元璋的起义军得到百姓的拥护。

又经过数年积蓄力量、开拓疆土，朱元璋建立起一支强大的军队。随着朱元璋军事势力的不断强大，他与各个起义军割据政权的矛盾也日益尖锐。尤其是占据了以苏州为中心的太湖流域和长江三角洲的广大富庶地区而雄踞东方的张士诚。以武昌为中心，控制了湖广、江西的大片肥田沃土而独霸西方的徐寿辉。

公元1360年，徐寿辉在江州被部将陈友谅被杀死，陈友谅称帝，定国号为汉。陈友谅同张士诚合谋共同举兵，进攻应天府，企图顺江而下一举消灭朱元璋的队伍。陈、张联军与朱元璋的军队在鄱阳湖遭遇，持续了一个多月，最终朱元璋取得了鄱阳湖决战的重大胜利。鄱阳湖之役后，朱元璋的领土已扩大到长江中下游的广大地区，地广兵多，局面打开了。在部下的再三劝说下，公元1364年正月，朱元璋在应天称吴王，设置百官，建中书省，以李善长为右丞相，徐达为左丞相。

但是，此时还受到张士诚和小明王韩林儿的威胁。在冷静、客观地分析后，朱元璋决定先消灭张士诚。

公元1366年，朱元璋以徐达、常遇春为正、副统帅，率领20万大军进攻张士诚。很快，大军就攻下了杭州、湖州，接着直取张

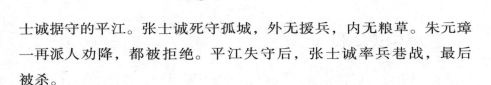

士诚据守的平江。张士诚死守孤城，外无援兵，内无粮草。朱元璋一再派人劝降，都被拒绝。平江失守后，张士诚率兵巷战，最后被杀。

随着实力的增强，小明王已经成了朱元璋登上帝位的阻碍。1366年底，太史令刘基密禀朱元璋，想让大将廖永忠以迎韩林儿来应天府为名，在途中除掉韩林儿，朱元璋同意了。在廖永忠迎韩林儿行至瓜洲渡口时，廖永忠命人凿沉韩林儿的船，韩林儿沉水溺死。至此，朱元璋成为郭子兴、刘福通两支起义军的最高领袖。

此时，除四川、云南外的整个南部地区都在朱元璋的控制之下。随后，朱元璋调集精锐部队实施北伐，同元朝政权展开最后的大决战。

公元1367年十月，朱元璋派徐达、常遇春率兵北伐，到次年四月，北伐军实现了对元朝大都的包围。在北伐军横扫中原、直逼大都的时候，元军却在因皇位的争夺而忙于内战。等到潼关失守，元顺帝才慌忙调集正内战不休的队伍，南下迎战。但疲惫的元军哪里还有战斗力，逢战必败。元顺帝眼见大势已去，只得带着后妃、太子狼狈逃往上都。公元1368年八月，徐达统领大军攻进大都，元朝政权宣告灭亡。

接着，徐达、常遇春攻占了北方诸省。公元1371年，朱元璋又遣水陆两军，平定了四川，公元1382年平定了云南。公元1387年，元朝丞相纳哈出降辽东。至此，除漠北、新疆外，全国已基本在朱元璋的统治下。

公元1368年正月初四，朱元璋在南京称帝，国号大明，建元洪武，史称明太祖。朱元璋立马秀英为皇后，长子朱标为皇太子，仍以李善长、徐达为左右丞相；大封文武百官，给功臣名将加官晋爵。

加强中央集权

称帝建国以后，朱元璋吸取、借鉴历史上尤其是元朝的经验教训，着手稳固新建王朝的统治，大刀阔斧地开始了改革旧制、建立高度中央集权的宏伟计划，制定了一系列的政策和制度，使专制主义中央集权进一步强化和发展。

● 建立新的管理机制

朱元璋对管理体制的改革首先是从地方机构开始的。他分析元代行中书省的弊端之后，公元 1376 年，废除了地方上的行中书省，改设承宣布政使司，简称布政司，只负责民政和财政，在全国共设十三个布政司。同时，还设置了管理军事的都指挥使司和管理司法的提刑按察使司。"三司"彼此独立、相互牵制，都直接听命于皇帝。另外，为了下情上达通畅，布政司下又设府和县，还有与府平级的直隶州，方便了上下的统一指挥。

在中央政府机构方面，朱元璋首先对总揽天下政事的中书省进行了改革，公元 1380 年正月，左丞相胡惟庸谋反，朱元璋将其捕杀后，宣布撤销中书省，罢除丞相，永不再立，由吏、户、礼、兵、刑、工等六部分理朝政。并规定以后子孙不准设丞相一职，如有人敢奏请设立丞相，立即处以极刑。明朝后来的帝王没有一个违背这个规定。

废中书、罢丞相后，朱元璋又对监察、审判机关进行了改革和调整。公元 1382 年，改原先的中央监察机关御史台为都察院，负责纠劾百官、辨明冤枉，甚至连学术不按正常模式研究都包括在内，一旦发现随时举发、弹劾。

监察御史的官阶不大，但权力极大。朱元璋明令，不论官职大小，只要有了过错，监察御史有什么意见都可以提，可以直接上书给皇帝。都察院实际上是皇帝的耳目，监察御史还可以由皇帝派到外地，出使后就转为巡按、监军等职务，负责督察相应的事务及有关官员。

此外，中央还设有六科给事中，负责监督六部官吏，并与都察院互相纠举，这些"天子耳目风纪之司"，起着为皇帝搏击异己的作用。

为了加强中央的统治，防止欺上瞒下，朱元璋还设立了锦衣卫。其前身是朱元璋设立的拱卫司，公元1370年拱卫司改为亲军都尉府，公元1382年改为锦衣卫。

"锦衣卫"是特务机构，属于皇帝的亲军体系，长官为指挥使，下领官校。官为千户、百户；校为校尉力士，因穿橘红色服装，骑马，故又称"缇骑"。锦衣卫拥有缇骑数百人。朱元璋派自己的心腹做头领，专门秘密侦察大小官吏的不公不法之事，并随时向他报告。锦衣卫下设镇抚司，有专门的法庭、监狱，具有侦察、逮捕、审讯等大权。洪武年间，锦衣卫系统的大小特务，遍布街坊路途，渗透各个系统，严密监视着朝廷内外的文武百官。

●文化、礼法和军事上加强对人民的统治

为了强化皇权，除了改革国家机构，朱元璋还从思想上入手，大力强化对礼、法的统治。

朱元璋登基后，大力提倡儒家思想、程朱理学，以之作为治国的指导思想。规定各级学、校都要祭孔，所有学生都要研读"四书"、"五经"，科举考试一律从"四书"、"五经"中出题，对儒家经典的解读一概以宋代"程朱"的注释为准。

他还开设礼、乐二局，从各地征召大批老儒，制定各种礼制和乐制。礼制对臣民使用的各种礼仪、饮食、服饰、房舍和器具等都做出严格的规定，就连一个小小的饮酒器具，也有严格的等级限制。

乐制包括各种祭祀朝贺、宴飨之乐舞器服制度。

礼用以分别贵贱的等级，乐则用以缓和上下的矛盾，礼乐并行，相辅相成，共同起到加强皇权、维护封建专制统治的作用。

为了加强对军队的控制，公元1380年，朱元璋把大都督府分设成左、右、中、前、后五军都督府，分统全国军队。各都督府没有指挥和统率军队的权力，只管军籍、军政。兵部也不能直接指挥和统率军队，只有颁发军令、铨选军官之权。需要指挥调动军队时，由皇帝亲自任命军事统帅，然后兵部再颁布调兵命令。战事结束后，军队回归驻地，统帅归还帅印，避免了悍将跋扈、骄兵叛乱的弊端，更重要的是加强了皇帝对军队的控制。

后来，朱元璋又把他的儿子分别封到各地去做亲王，监视控制各地的军事将领。这些藩王都配有护卫兵，还有指挥当地卫所守镇兵的大权，遇有突发事件，封地里的卫所守镇兵，在接到盖有皇帝御宝文书的同时，将领们还必须有藩王的令旨才能调动。

●约束外戚、宦官

朱元璋对宦官的管理也是非常严格的。宦官作为皇帝的家奴，同皇帝朝夕相处，不少参与朝政，窃取高官，成为最有权力的一股势力。历代宦官祸国殃民的经验，使朱元璋认识到必须严格限制宦官的言行举止。他认为宦官在宫廷里打扫卫生、呼来唤去是少不了的，但不能做大官，那样一定会为害朝廷。因此，朱元璋立下了严令，不许让宦官立大功，一有功劳就会助长宦官的气势，难于管理。他还下令不许宦官读书识字。他在宫门外放了一块铁牌子，上面刻着"内臣不得干预政事，犯者斩"；不许宦官出任朝廷的各种官职；严禁宦官和各衙门往来等规定。这些措施使宦官成为宫中名副其实的奴仆，从而严格限制了宦官干预政治的途径。

对于外戚，朱元璋规定，皇亲中男子结婚一律从良家妇女中挑选，不许和大臣之间通婚，外戚只给高官厚禄、良田美宅，不许过问政治，违者一律处死。

●诛杀功臣

随着统治的不断巩固，昔日与朱元璋一同打天下的将领，现在成了新王朝的显贵。他们官封公侯，爵显禄厚，有的却渐渐骄横放纵起来。

开国大将蓝玉是洪武后期的主要将领。蓝玉作战勇敢，立有赫赫战功，官封凉国公。他自恃功劳大，私蓄奴婢、假子数千人，还到处敲诈勒索，霸占民田。百姓向御史告状，御史官依法提审，蓝玉竟命人将御史乱棍打走。朝廷明令禁贩私盐，他却令家人进行走私活动。

为了明朝江山的长治久安，公元1393年，朱元璋开始对以蓝玉为首的功臣展开了无情的镇压。

公元1393年，锦衣卫告发蓝玉谋反，朱元璋发兵逮捕。蓝玉被砍头，并抄斩三族。凡与蓝玉有接触的朝臣、列侯均坐党夷灭。蓝玉案先后诛杀一万五千人，把军队中功高位显的元勋宿将，几乎一网打尽。

除蓝玉外，所剩无几的功臣也先后以各种罪名赐死、鞭死或砍头。徐达曾被朱元璋列为开国第一功臣，他生背疽，应忌吃蒸鹅，朱元璋却在他病重时赐蒸鹅给他吃。徐达知道皇帝是在要自己的命，只好含着泪水，当着使臣的面吃下了蒸鹅。没几天，徐达就离开了人世。功臣冯胜、傅友德、廖永忠、朱亮祖等也因失宠，先后被处死。

这样，功臣宿将能够善终的寥寥无几。只有汤和这个和朱元璋同村长大的放牛娃，知道老伙伴现在对老臣宿将不放心，他主动交还兵权，告老还乡，绝口不谈国事，才保住了性命。

朱元璋对这种杀功臣立威，以猛治国的策略，虽然没有公开忏悔过，但在他临死之前曾下令他的后人不准学习他这种做法。他说，这套办法只是权宜之计，他希望在他之后，大明朝尽快步入正轨，尽快出现一个繁荣安定的局面。

经过了一番改革和整顿，朱元璋建立起一套新的统治机制，把军政大权都集中到自己手中，强化了中央集权，使封建专制的中央集权制度发展到了高峰。为此，朱元璋付出了许多精力。改革之后，整个机构完备了，效率提高了，统一的基础牢固了。朱元璋认为这套严密的统治制度，是确保朱家王朝"万世一统"的最好制度，特地编订一部《皇明祖训》，要求他的子孙必须世代遵守，不可加以改变。

大兴文字狱

自从秦代焚书坑儒之后，历代的文人士大夫都有因为思想、文字而遭受迫害的，在朱元璋时期这类的文字狱冤案更多。朱元璋兴起的文字狱从公元1384年开始到公元1397年结束，前后十三年，他经历了由被迫无奈杀文人到后来主动找茬儿杀文人的过程。

出身寒微的出朱元璋，经过不懈的奋斗，最后当上了皇帝，这是值得他骄傲的事，但朱元璋却总感觉人们在嘲笑他过去的贫贱。于是，故意从文字中找茬，这样就引发了一出出文字狱。

杭州府学徐一夔的贺表中有"光天之下"、"天生圣人"等语，朱元璋说"光"指光头，"生"是"僧"的谐音；德安府训导吴宪的贺表中有"望拜青门"之语，他认为"青门"是指和尚庙。这是在骂他当过和尚，因此，他们都被"诛其身而没其家"。

北平府学教授赵伯彦、浙江府学教授林元亮、桂林府学教授蒋质撰写的贺表中有"仪则天下"、"作则垂宪"、"建中作则"之类的句子。"则"是"法则"、"标准"、"榜样"的意思，但在江南方言中"则"和"贼"是同音的，朱元璋就认定这些人是借此嘲笑自己的过去。于是，这些教授被处以死刑。

河南尉氏县学教谕许元在祝寿表文中写了"体乾法坤，藻饰太平"，这是源自两千年前古文的话，许元在卖弄自己学识广博的同时，想借此来诌媚巴结朱元璋。然而朱元璋却说"法坤"与"发髡"（剃光头发）、"藻饰"与"早失"同音，这是在暗讽他早年当过和尚，并诅咒明朝"早失太平"。于是，许元也被杀了。

更可笑的是，朱元璋还妄自尊大，自作聪明，结果使不少读书人做了屈死鬼。读书人卢熊人品、文品都很好，朱元璋委任他到山东兖州当知州。当他把皇帝授给他的官印取出一看，傻了眼，原来，官印兖州错刻成了"衮州"。卢熊是个搞学问的，办事认真，于是写了一份奏章要求重新刻制。朱元璋知道是刻错了，但拒不认错，大骂卢熊咬文嚼字，说"兖"和"衮"就是同一个字，卢熊竟敢将它念成"滚州"，这不是要朕滚蛋吗？于是将卢熊斩首。

朱元璋当过和尚，非常信奉佛教，对来自印度的高僧释来复格外优待。来复准备告辞回国时，专门写了首诗来谢朱元璋，诗中有两句："殊域及自惭，无德颂陶唐。"意思说他生在异国，自惭未生在中国，觉得自己没有资格歌颂大皇帝朱元璋。但是朱元璋却认为："殊，明明指我'歹朱'。无德，明明指我没有品德。"结果，这位一直受到优待的和尚也被处死了。

洪武时期这类事情实在是太多了，弄得人心惶惶。朝廷上负责撰写文件表章的官员们更是吓得无所适从，无论写什么都不敢轻易下笔，就怕万一"错了"一个字，自己的脑袋就会搬家。为此，他们纷纷请求有一个事先得到皇帝认可的文章标准，那样就不用提心吊胆了，结果本来就十分程式化的颂圣文字、官样文章，变得更加千篇一律、毫无生气了。

文字狱发展到最后，朱元璋连死人也不放过。当他读到《孟子》时，认为孟子对君主不逊，咬牙切齿地说："如果这个老家伙活到今天，怎么能让他幸免于死？"为此，他下令在祭孔庙时，把孟子牌位撤掉，并对《孟子》一书大动"刀斧"，剔除许多不利于己的言论。

这些荒谬而残酷的"文字狱"，固然与朱元璋个性多疑有关，但是更重要的还是他要借此树威，使臣下有所畏惧。

新淦有一叫邓伯言的诗人，诗写得很好，廷试时他写了"鳌足立四极，钟山蟠一龙"一句，朱元璋看后不觉拍案称颂。邓伯言以为冒犯了天威，竟吓得昏死过去，被人扶出后才苏醒过来。次日，被授翰林学士。

在封建王朝中，文字狱无非是皇帝怀疑他人有异心，而朱元璋发动文字狱，全是因为他对自己贫寒出身的过于敏感，处处怀疑，才导致了无数的冤案。

■ 相关链接

大脚马皇后

马皇后（1331～1382年），安徽宿州人，汉族，是明朝的第一个皇后。死后陪葬在朱元璋的陵寝——孝陵，尊谥为"孝慈贞化哲惠仁徽成天毓圣至德高皇后"，是明代谥词最长的皇后，也是明代唯一能当得起这么长谥词的皇后。当然，在那些旧文人的眼里，虽然马皇后什么都好，却可惜天生大脚，这是唯一美中不足的地方。

元朝末年发生了白莲教大起义，马皇后的父亲为了躲避战乱，带着女儿去投靠在濠州起义的好友郭子兴。马父在死之前把女儿托付给郭子兴，郭子兴便把马小姐收为义女，视若己出，十分疼爱。而此时的朱元璋还只是郭子兴帐下的一名小卒。朱元璋计谋多，有决断，作战勇敢，很快便升为亲兵九夫长。郭子兴也越来越倚重这个和尚出身的九夫长，什么事都和朱元璋商量。为了笼络住朱元璋，他就把自己的义女马小姐嫁给朱元璋。由于父亲马公是郭子兴的好朋友，经常随郭子兴外出打仗，而她的母亲死得特别早，家里没人照顾马姑娘，所以她没有缠脚。当姑娘的时候，别人给她起了一个绰号，叫"马大脚"。她当了皇后，别人自然不敢这么叫了，可仍然还有很多人在背地里暗暗叫她"大脚皇后"。

婚后夫妻恩爱，相敬如宾。马氏温柔贤惠，很受朱元璋的敬重。她知道朱元璋胸怀大志，但出身穷苦，识字不多，因此，时常规劝朱元璋征战之余，多多读书。朱元璋很听从马氏的劝告，很快就能读书断句，还能写诗。马氏自己也对读书识字十分用心，她在军中见有文书，就叫人教她认字。朱元璋凭着自己的才能，慢慢成为郭子兴手下的大将。但却招来郭子兴儿子的妒忌、怨恨，他时常在父亲面前进谗言，因此朱元璋和郭氏父子的关系很紧张。马氏对这种情况很担忧，时常劝朱元璋对郭子兴更加恭敬一些，作战时如果有什么掳获，也都献给郭子兴和他宠爱的二夫人，马氏自己也经常把金银首饰送给二夫人，谎称是朱元璋让她孝敬二夫人的。有了马氏居中调解，才避免了朱元璋和郭子兴反目成仇，使朱元璋有足够的时间积蓄自己的力量。一次，朱元璋又惹怒了郭子兴，被幽禁了，还不许送茶饭进去。马氏便把热腾腾的炊饼揣在怀里，偷偷拿给朱元璋，自己的胸口却被烫得通红。朱元璋四处征战，难得在家里好好吃一顿饭，马氏便总准备好一些干粮腌肉，想法子让丈夫能够吃饱。丈夫在前线征战，她便带着妇女在后方缝衣做鞋。如果前方打了胜仗，她便拿出自己家中的财物犒劳士兵，大家都称赞她贤惠。

朱元璋即位后，马氏也被册封为皇后。但朱元璋还是十分敬重她，马皇后也更加严格要求自己。马皇后每天都叫女官教自己读书，让自己知道历代有名妇女的事迹，以此来要求自己。虽然贵为一国之后，但还是坚持照料朱元璋的饮食起居，别人劝她不必如此操劳，她说："侍奉丈夫是我的分内事，不能推辞。"她自己的衣服破旧了，也舍不得换新的。朱元璋看到妻子这样贤惠，时常对群臣感慨地说："皇后和我同起布衣，历尽忧患。朕每每不能忘怀当年她不顾灼伤皮肤，为朕送来热食。而当朕受到郭公的猜忌，几乎被置于死地时，皇后更是为朕多方周旋，救我出危难。如果没有皇后，我哪里会有今天？朕怎么敢因为现在富贵了而忘了糟糠之妻呢？"马皇后却说："妾听说，夫妇相保易，而君臣相保难。陛下能够不忘怀妾，更希望陛下始终不忘群臣百姓。"

后来，朱元璋为了防止权臣干政，数兴大狱，杀戮功臣。当时宋濂被牵连进宰相胡惟庸的谋反案。宋濂是明初的大学问家，编撰过《元史》，还做过太子的老师。虽然这时宋濂已经辞官回乡，但朱元璋并不准备放过他。太子听说皇上要杀自己的老师，急得跳了水，幸亏被侍卫救起来。马皇后听说了以后，暗自想好了办法。这天，朱元璋入宫用膳，发现一桌子全是素菜，问是什么缘故？马皇后说："平常人家请个教书先生，始终是礼敬有加。宋老先生这些年来，教导诸位王子，十分辛苦。我们今天吃素为他祈福。"朱元璋一听，又是为宋濂求情，大怒，甩手而去，但因为马皇后的求情，他还是放过了宋濂，只是把他发配到茂州。

　　朱元璋做了皇帝之后，脾气也慢慢变得越来越暴躁，动辄杀人，马皇后经常委婉开导。一次，朱元璋听说参军郭景祥的儿子不孝，竟然要杀自己的父亲。朱元璋十分生气，当下就要杀掉他。马皇后劝道："郭景祥就只有这么一个儿子，如果杀了他，郭景祥就绝后了，况且这件事不一定是真的。"一经查证，果然是被冤枉的。又一次，一个宫女惹得朱元璋非常生气，他便要亲自惩处这个宫女，马皇后也装作非常生气，马上把这个宫女交给宫正司议罪。朱元璋问："这是为什么？"马皇后说："你正在气头上，对这个宫女可能会惩罚过重，交给宫正司，他们会秉公处理的。"

　　马皇后对士庶的生活也有所关心。明朝太学建成，朱元璋临幸回宫，马后问有多少学生，回答有几千名。当时有些太学生携带眷属在京，他们没有薪俸，无法养家，马后建议按月发给口粮，元璋接受了，专门设立"红板仓"，存储粮食，发给太学生。此后，"月粮"成为明代学校的一项制度。

　　马皇后还十分照顾太医们的利益。马皇后最后得了重病，朱元璋命太医诊治，但马后坚决不肯服药，朱元璋强要她吃药，她说："如果我吃药无效，你就会杀死那些医师，那不等于我害了他们吗？我太不忍心了。"朱元璋希望她医好病，就说："不要紧，你吃药，就是治不好，我因为你，也不会惩治医生。"但是马后还是不用药，以致死亡。

　　马皇后始终按"待人以宽，责己以严"的原则去处理复杂的人际关系，而且处理得十分得体。她的所作所为，赢得了丈夫的尊敬与爱护。她生前，朱元璋褒奖她；她死后，朱元璋不再册立皇后，表示对她的敬重和怀念。

　　《明史》赞扬马皇后："母仪天下，慈德昭彰"。

清太祖努尔哈赤

青少年必看的

回眸历史书系

后金太祖高皇帝爱新觉罗·努尔哈赤（1559~1626年），原姓夹古氏，后改姓爱新觉罗，名努尔哈赤，号淑勒贝勒，出生于建州左卫苏克素护部赫图阿拉城（后改称兴京，今中国辽宁省抚顺市新宾满族自治县）。

努尔哈赤从小就深受汉文化的熏陶，并担任过明朝的下级军官。在父亲与祖父被尼堪外兰害死，为了报仇，努尔哈赤于1583年率领部众去攻打尼堪外兰（当时装备短缺，仅有十三副盔甲），从而正式开始统一女真的大业。

1587年努尔哈赤攻克赫图阿拉，自称可汗。据满洲实录，1599年努尔哈赤采用了蒙古文字而为满语配上了字母。1603年迁都到赫图阿拉。1616年，努尔哈赤在赫图阿拉称"复育列国英明汗"，国号"大金"，史称后金，成为后金大汗。1618年，颁布"七大恨"，起兵反明。次年三月，后金发动萨尔浒之战，掌握有利战机，集中兵力，歼灭明军约六万人，大败明军，取得了决定性的胜利。1621年努尔哈赤迁都辽阳，兴建东京城。1625年迁都沈阳，改沈阳为盛京。1626年正月在攻打由名将袁崇焕镇守的宁远时被葡萄牙制的红夷大炮击伤，八个月后死在回沈阳的路上，终年六十八岁。

历经坎坷，统一女真

女真族是我国东北部最古老的民族之一，从五代起就被正式命名为女真。完颜阿骨打建立金朝后，大多数女真人随着政权南移，与汉人杂居，逐渐融合。1234年，金被南宋与蒙古的联军所灭后，女真族重新返回东北。当时的女真依照居住地分为三部：建州女真、海西女真和野人女真。其中建州女真是文化程度最高的一部，而野人女真是三个部落中最落后的。各个部落之间常常是战争不断。

公元1559年，经过十三个月孕育后，建州左卫苏克苏护部女真贵族塔克世的妻子生下了一个男孩，父母为他取名为努尔哈赤。努尔哈赤从出生就备受父母的宠爱，过着幸福的生活。六七岁就学会了引弓骑马，到八九岁时更能够认识不少汉字，其胆识、智慧非同一般。

不幸的是，十岁时他的母亲突然去世，更多的不幸接踵而来。昔日骄子般的生活已一去不复返了，他整日面对的是继母的虐待。由于生活所迫，他常常翻山越岭、出入莽莽林海去挖人参、采松子、拾蘑菇，然后把这些山货拿到集市上去变卖换钱，维持最基本的生活。

努尔哈赤常去抚顺马市做生意，接触到了来自四面八方的汉人、蒙古人，在交往的过程中，他广采博收、虚心求学，其见识日渐丰富，视野更加开阔。不但会说汉语，还会写汉字。汉族人民的生活习惯、文化习俗更是在他心中留下了深深的烙印。《三国演义》、《水浒传》等小说中的英雄豪杰成了他学习的榜样，并立志干一番轰轰烈烈的大事。

公元1573年，年仅十五岁的努尔哈赤不愿继续在继母变本加厉的虐待下生活，于是带着弟弟离家去投靠外祖父王杲。

王杲是一个深受汉族文化影响的建州女真部落首领，他凭借着自己的聪明才智在动荡的女真年代中发迹而逐渐强大，他常常自恃力量雄厚而骚扰明朝边境，朝廷准备给他点颜色瞧瞧。公元 1575 年，明辽东总兵李成梁奉命率兵袭击王杲的屯寨，结果王杲及亲属全部被抓，并先后被杀害。努尔哈赤兄弟也成了俘虏，本在被杀的名单中，但聪明的他想出了一条求生的妙计：向李成梁求死以求到阴间去孝顺外祖父。李成梁见努尔哈赤一片孝心，就赦免了他，又见他聪明伶俐，就将他留在自己的帐下。每次打仗，努尔哈赤总是勇猛冲杀，因屡建奇功，并对李成梁言听计从，所以很快就被李成梁提拔成了自己的随从和贴身侍卫。

但事实上，努尔哈赤时刻牢记着外祖父被杀的仇恨，只是慑于李成梁的实力而不敢轻举妄动。因此他只得忍辱负重，不断提高自己的实力，等待时机的到来。

公元 1577 年，努尔哈赤以父亲捎信让他回家成亲为借口，乘机离开李成梁，回到阔别已久的家乡，并成了婚。

这时，女真部族之间和部族内部，为了争雄称霸，常常互相攻伐和残杀。在建州女真部族中有两个最为坚固的城堡：一个是古勒城，城主是阿台，是王杲之子、努尔哈赤的舅父；另一个是沙济城，城主是阿亥。王杲被杀后，阿台发誓要为父报仇，他凭借古勒城易守难攻的地理优势，依山筑城，设置壕堑，并屡犯明朝的边境，纵兵抢掠。明朝总兵李成梁，决意发兵除掉阿台。

在这两个城堡之外还有个较强大的图伦城，城主叫尼堪外兰。他的兵马不多却总是野心勃勃地想吞并周围部族，称雄建州女真。为此他便极力讨好明朝边吏，并挑拨阿台、阿亥与明军的关系，以便自己坐收渔翁之利，他的想法与李成梁不谋而合。

公元 1582 年，尼堪外兰向李成梁表示，自己愿意为明朝征服古勒和沙济两城做向导。李成梁决定立即出兵攻打古勒、沙济两城，并许诺尼堪外兰破城之日便是他升迁之时。

公元 1583 年二月，李成梁的大队人马分两路攻打阿台，破城后大肆杀戮，努尔哈赤的祖父和父亲也在混战中被杀。努尔哈赤闻此噩耗，悲痛欲绝，愤然来到辽东都司质问李成梁，为何杀他一向忠顺于朝廷的祖父和父亲。为了安抚努尔哈赤的愤怒，明朝派使者将觉昌安父子的遗体送回，并任命努尔哈赤为建州左卫都督，同时赐予敕书三十道、战马十匹。努尔哈赤表面上接受了明朝抚慰，内心却发誓要报仇雪恨。

公元 1583 年五月，努尔哈赤以报父、祖之仇为名，决定攻打尼堪外兰。他整理出祖父的十三副遗甲，率领不足百人的部众，向尼堪外兰居住的图伦城进发。几经恶战，终于杀死了仇敌，并继承了尼堪外兰的一切，包括领土、人民、牲口等，壮大了自己的实力。

努尔哈赤在起兵的两年时间里，相继打败了建州女真界凡、萨尔浒、栋佳、巴尔达四城联军和漠河、张佳、巴尔达、萨尔浒、界凡五城联军，并攻破了安图瓜尔佳、克贝欢和托漠河城。在斩杀了尼堪外兰之后，又乘胜平定了哲陈部、攻取了完颜部。在努尔哈赤日益强大的攻势面前，苏完部和董鄂部自动前来归附。公元 1588 年，除长白山诸部外，建州女真基本上被努尔哈赤征服。几年之后，他又先后攻取了长白山三部，整个建州女真统一在努尔哈赤的麾下。

为了扩充势力，建立基业，在统一建州女真过程中，努尔哈赤于公元 1587 年在苏子河畔建了一座新城——赫图阿拉城，并在该城称王。为显示为王的尊严，他制定出一套初具规模的礼仪。每当他出入城，乐队便恭立在城门两侧奏乐。于是赫图阿拉城成为当时建州女真政治、经济和军事的中心，后来又成为努尔哈赤统一女真各部的基地。

当时的女真族共有三部，除建州女真还有海西女真、野人女真。海西女真中以叶赫部最强。公元 1593 年，叶赫联合了女真、蒙古的九个部落，结成联盟，合兵三万，分三路进攻努尔哈赤，双方在古勒山下激战，努尔哈赤率建州兵大败叶赫部及其盟军。

励精图治

公元 1616 年，努尔哈赤在赫图阿拉城宣告建立"大金国"，史称后金，年号为天命。仪式结束后，众大臣举杯畅饮，举城一片欢腾。然而，此时此刻努尔哈赤并没有被欢乐所陶醉。他深知守业比创业更难，于是，他采取了一系列的措施来完巩固建立的国家。

●创立八旗制度

女真各部的空前统一后，领地不断扩大，社会财富迅速增加且逐渐集中起来，在女真社会中形成了一个强有力的统治集团，为保卫这个集团的利益就要建立一支强有力的军队，于是八旗兵应运而生。

八旗制度的雏形是女真族公社末期的狩猎组织。那时，每逢出师行猎，氏族成员便每人出一枝箭，以十人为一单位，称"牛录"，是汉语"箭"或"大箭"的意思。十人中立一总领，称"牛录颜真"，牛录颜真即大箭主。在女真社会生产不断发展的同时，牛录组织也日益扩大，并衍变成奴隶主贵族发动掠夺战争和进行军事防御的工具，但它是具有显著的临时性，因此努尔哈赤把它改造成常设的社会组织形式。

公元 1584 年，努尔哈赤将原有的基层组织牛录由十人增编到三百人，使之由过去单纯的围猎基层组织，变成军队性质的基层战斗团体。牛录的改编，奠定了八旗制的雏形。

公元 1601 年，努尔哈赤先确定以黄、白、红、蓝四色旗为标志的四旗。由于后来征服和招降的人口不断增加，公元 1615 年，努尔哈赤又在牛录之上设立甲喇和固山，五牛录为一甲喇，长官为甲喇额真；五甲喇为一固山，长官为固山额真，又称旗主，每旗一般由七千五百人组成。这样，原来的四大牛录遂扩大为四个固山，仍以四色旗为标志，又称"四旗"。后来又增编镶黄、镶红、镶蓝、镶白四旗，与前面四旗合称"八旗"。

八旗制度是军民一体、军政合一的社会组织形式。八旗兵丁平时耕垦狩猎，战时则披甲出征。八旗旗主都由努尔哈赤的子孙担任，他们集军事统帅和政治首领的身份于一身，是大汗的主要辅臣和全国最高的军政长官。军国大事和汗位继承，由诸旗主共同议定，保留着部落贵族议事的传统。努尔哈赤则是八旗的最高统帅，他为八旗军队制定了严密的纪律。

八旗制度的确立提高了女真族的军事战斗力，也促进了女真社会的发展。八旗"以旗统军，以旗治民"的特殊军队组成形式，把女真社会的军事、政治、行政统一起来，使分散的女真各部由散沙状态的族、寨组合形式变成了一个统一的有机整体，在旗主的管辖下，获得土地、奴仆、牲畜和财产，承担征战的义务。它从正式建立到清朝覆灭，共存在近三百年的时间，是清王朝统治全国的重要军事支柱，对女真族社会的发展起过很大的促进作用。但随着历史的演变，八旗制度中落后的一面严重地束缚了国家军队的发展，由盛而衰，由衰而亡。

●发展生产

在农业方面，努尔哈赤采取的主要措施是组织屯田和扩大农耕范围。建州的谷地平原都被开垦，就连难以耕种的山地也有许多地方种上了庄稼。每攻取一地，努尔哈赤就会根据当地条件安排耕种、放牧或屯田。

建州地区的手工业落后，铁制农具和布匹、丝绸等大量生活用品都要依赖从汉族地区输入。为了改变这种局面，努尔哈赤十分重视工匠，认为他们远比金银珠宝贵重。由于他的倡导，建州地区的手工业很快初具规模，能炼铁、采矿并制造精良的军械。

努尔哈赤积极发展建州地区的经济的同时，还致力于发展与汉族地区的贸易，以此来弥补建州经济上的欠缺。他用当地出产的人参、貂皮、马匹等特产换回所需要的物品。为了解决湿人参容易腐烂的问题，努尔哈赤还创造了煮晒法，把人参煮熟晒干保存起来。因此，汉族商人故意拖延时间以便压价收买的企图便无法得逞了。

就这样，在努尔哈赤指导下，后金的社会生产力得到了长足的发展。虽然这时努尔哈赤建立的制度略显粗略，但比起氏族管理模式，有了很大的进步，已经明显具有作为国家的特征。

●创制和颁行满文

创制和颁行满文，是努尔哈赤在满族文化发展史上作出的巨大贡献，在女真族发展史上是一个划时代的里程碑。

努尔哈赤起事后，每逢向女真人发布政令，先要用汉文起草，然后再译成蒙古文。女真人讲的是女真语，书写却用蒙古语，这种语言与文字的矛盾，促使努尔哈赤决心创造记录女真人自己语言的符号。公元1599年，努尔哈赤命巴克什·额尔德尼和扎尔固齐·噶盖，用蒙古字母拼写女真语，创制了无圈点的"老满文"（皇太极时改进成为有圈点的"新满文"）。满文是拼音文字，由六个元音字母、二十二个辅音字母和十个特定字母组成，是后金以及后来清王朝的官方语言和文字。后金国从此有了传达政令、制定法律和发展本民族文化的工具。

满文的创立和颁行，加强了女真族人民内部和满汉之间的思想文化交流，更主要的是加速了女真族的封建化进程，使这个民族终于登上了历史的舞台，成为一个新的朝代的统治者。

此外，努尔哈赤还通过逐步完善国家的法律制度，以确保国家的一切活动都能有序地运转，这对当时的女真族来说是很大的进步，是他们逐步走向文明的重要标志之一。

从上述的改革中不难发现，努尔哈赤的确是一位杰出的政治家，他有远大的政治理想和抱负，以自己的聪明才智，创立了一套与女真社会生产力发展相适应的政治、经济制度，八旗制度就是典型的代表，这种制度把整个女真社会的成员组织成一个集军事、生产与政治于一体的组织，凝聚成一股强大的精神和物质力量。努尔哈赤这种首创的改革精神，还表现在他不断提出新方针、新措施，显示出政治家特有的气魄和才干。

■ 相关链接

女真族简史

女真（又名女贞和女直），是我国古代生活在东北地区的古老民族，语言属阿尔泰语系、通古斯语族、古满语支。女真源自我国史书中三千多年前的"肃慎"，公元2~4世纪时期称"挹娄"，公元5世纪时期称"勿吉"（读音"莫吉"），公元6~7世纪称"黑水靺鞨"，公元9世纪起始更名女真。辽代又称"女直"（避辽兴宗耶律宗真讳），又以文化程度区分辽南境者为熟女真，辽北境不属编户者为生女真。金朝时从称"女真"，因女真一词来自古代女真语，因此在明代音译汉字时也写作诸申、朱里真等。15世纪初期分为建州女真、海西女真、野人女真三大部。到17世纪初，建州女真满洲部逐渐强大，其首领努尔哈赤建立后金政权，到皇太极时期已基本统一女真各部。

1635 年，清太宗皇太极颁布谕旨改女真族号为满洲，"女真"一词就此停止使用，后来满洲人又融纳了蒙古、汉、朝鲜等民族，逐渐形成了今天的满族。

女真人在历史上先后建立过金朝、东夏、扈伦、后金（清朝前身）等古代政权。

清太宗皇太极

清太宗皇太极（1592～1643年），满洲爱新觉罗氏，太祖努尔哈赤第八子，后金第二代君主，也是清朝杰出的政治家、军事家。明天启六年（1626年）在沈阳继后金汗位。次年改元天聪。他对内大力推行封建化的改革，加强中央集权；对外相继征服了蒙古和朝鲜，并多次带兵攻打明朝，将西部国界扩张至锦州、宁远一线。天聪十年（1636年）四月改元崇德，改国号大清，正式称帝。逝于崇德八年（1643年），年五十二岁。

登上汗位

皇太极生于1592年，是清太祖努尔哈赤第八子。他聪明伶俐，行动稳健，举止端庄。从小就爱看书学习，在努尔哈赤的诸将中唯有他识字。因父兄长年累月忙于出征作战时，七岁的皇太极就开始主持家政了，不但把家里日常事务、钱财收支等管理得井井有条。特别是有些事情不用努尔哈赤指示，皇太极就能干得很出色，因而努尔哈赤极其宠爱皇太极。

政务缠身的父亲无暇顾及他，促使皇太极逐渐自立。他还跟随父兄，迅速成长，文武双全。满族及先世女真人素以尚武著称，皇太极向父亲学习本民族的传统风俗，从小就参加打猎，练得勇力过人，步射骑射，矢不虚发。

日后，皇太极在参加作战和协助努尔哈赤治理国家的过程中逐渐显露了头角。据文献所载，皇太极早期较大的军事行动，是公元1612年对乌拉部的战争。那时努尔哈赤正在统一海西四部，已经消灭了哈达、辉发两部，还有乌拉和叶赫部。乌拉首领布占泰被努尔哈赤擒获以后放回去，背弃盟好，掠东海窝集部的呼尔哈部，并公然要娶努尔哈赤已下了聘礼的叶赫"老女"，还以鸱箭射已嫁他的努尔哈赤侄女，实际这都是阻止和对抗努尔哈赤实现统一。于是努尔哈赤决定发兵征乌拉。皇太极就在这时随军出征。九月二日大军起程，二十九日抵乌拉部，与乌拉兵相峙三天。努尔哈赤率部四处焚毁粮草，乌拉兵白天出城对垒，夜里入城固守。皇太极与其兄莽古尔泰急不可耐，想立即过河进攻。努尔哈赤对他们说："用兵不能像你们想的那样简单，好比砍伐大树，怎么能一下子砍断？必须用斧子一下一下去砍，渐渐折断。相同的大国，势均力敌，要一举将其灭亡，怎么可能办到？应当把它附属的城郭一个一个攻取，一直攻下去。没有阿哈，额真怎么能生存？没有诸申，贝勒怎么能生存？"在努尔哈赤的指挥下，他们毁掉了乌拉的一些城寨，而"伐大树"之说，对皇太极后来与明朝作战产生了深远的影响。第二年，乌拉被灭。

在逐步完成统一女真各部的基础上，皇太极帮助他父亲努尔哈赤建立了新的后金国家。努尔哈赤一度想立长子褚英为储，但是褚英背着努尔哈赤做了很多违反其愿望的事，甚至逼迫皇太极等也跟他一起行动。皇太极等向努尔哈赤揭发了褚英的阴谋，努尔哈赤大怒，下令监禁褚英，两年后毅然处死了他。从此皇太极进一步得到了信赖。

　　努尔哈赤称汗后，选定皇太极与次子代善、侄子阿敏、五子莽古尔泰为四大贝勒，辅助国家政事。不仅如此，在后金所从事的主要战争活动中，皇太极献智献勇，发挥了重要的作用。1618 年，努尔哈赤以"七大恨"公开向大明王朝宣战后，发动了进攻抚顺的战役。为攻占抚顺，皇太极献上一计：他提出先打抚顺，利用抚顺大开马市的机会，派遣五十人扮作马商，分批入城，然后由他亲自带领五千士兵夜行至城下，里应外合，两面夹攻。努尔哈赤欣然接受，决定依计行事，果然取得成功。

　　在著名的萨尔浒之战中，皇太极提出不可等待，要加快步伐，以防止明军攻击后金筑城的民夫。行至太兰冈，代善、达尔汉辖又想将军队隐蔽起来，皇太极也不同意，说应当耀武扬威，对敌布阵，民夫看到这种情形，也会奋勇参战。后金的头号功臣额亦都非常赞成皇太极的主张。按着皇太极的意见，后金军进至萨尔浒，与明军大战，在筑城民夫的配合下，歼杜松于铁背山，首战告捷。继而向北迎击开原总兵马林，途中皇太极又打败了杜松军的后营游击龚念遂、李希泌。在西、北两路已胜，准备转战东路时，皇太极紧跟代善、阿敏、莽古尔泰之后，赶赴前线。他和代善在阿布达里冈与明军相遇，互相配合，大败明军。萨尔浒之战是后金与明朝的第一次大决战，皇太极为赢得此战的胜利立下了汗马功劳。

　　萨尔浒大战之后，努尔哈赤向明朝发动了一系列的战争，而皇太极临战都冲锋陷阵，勇猛杀敌，立下了赫赫战功。在处理政事时，皇太极始终保持清醒的头脑，从大局出发，因此成为努尔哈赤的得力助手。

　　公元 1622 年，努尔哈赤决定施行八大贝勒共治国政的制度，规定：推举新汗、军国要事、举贤任人、诉讼决狱等，都要经过八大贝勒共同商议处理，不得一人独断专行。

1626 年，努尔哈赤去世。经过诸贝勒兄弟子侄的共同协商，他们都认定皇太极"才德冠世"，于是联合劝进拥戴皇太极即汗位。三十五岁的皇太极在推让再三后接受众议，于公元 1626 年登上后金汗位，并决定从明年起改元"天聪"。后金政权迈入了皇太极统治的时代。

革故鼎新

皇太极时代是承前启后的一代，前承努尔哈赤，后启福临。他没有辜负历史赋予他的神圣使命，完成了父亲未竟的事业，更重要的是，他根据实际情况制定了一系列新的政策和措施，并不遗余力地贯彻执行，无论是在内政、外交、经济、军事，还是文化等诸多方面，都取得了卓越成就，使后金走上了强盛的发展道路。

●建立新体制

皇太极一改努尔哈赤将汉人、蒙古人排斥在政权之外的举措，制定了优礼汉官的政策，吸引明朝将吏和地主知识分子，又扩大同蒙古的特殊关系，以联姻为手段从血缘上巩固与他们的联盟。在取得蒙古、汉贵族的支持后，皇太极不失时机地创建了蒙古八旗、汉军八旗，从政治上使满、蒙古、汉的联盟得以确立、巩固。他一手建立的这一新的政权体制，成为后世继承人指导民族关系的基本方略。

与这一新的政权体制相适应，皇太极大幅度地仿明制，设置国家政权机构。公元 1629 年，他首先设文馆，翻译汉文典籍，记录本朝政事，旨在借鉴汉族统治经验，总结执政得失。七年后，改文馆为内三院，即内国史院、内秘书院、内弘文院，三院官员直接参与决策。内三院实际上已取代了含有原始军事民主制残余的单一的八

旗旗主"共议国政"的体制。

继文馆设立之后，皇太极又设吏、户、礼、兵、刑、工六部及都察院，这些机构的官员都分派满、蒙古、汉人充任。并授予都察院很大的权力，上自皇帝、贝勒，下至各部臣，都可以劝谏、弹劾、纠察。

与此同时，皇太极还强调依法治国的重要性，逐步完善法律制度，从而进一步巩固了自己的统治。

●缓和满汉矛盾

努尔哈赤一生戎马倥偬，艰难创业，为后金大业的发展做出了不可磨灭的贡献。但他大肆屠杀和奴役汉族百姓，致使后金国内的满、汉民族矛盾相当尖锐。连年的对外战争、繁重的兵役负担，使得下层民众怨声载道。同时，统治集团内部也矛盾重重，贵族、官吏之间钩心斗角，政治极不稳定。

皇太极即位后立即着力调解满汉之间的民族矛盾，积极争取汉族知识分子的支持，优待明朝降将，以达到汉人效命于后金的目的。

他一登基就强调，要治理好国家，必须先安抚民众，重点在于安抚汉人。于是颁布法令，规定满人、汉人享有同样的政治、经济权利。解放汉人农奴，使他们成为独立生产的个体农民。这对后金的农业生产大有好处。天聪五年（公元1631年），又颁布了《离主条例》，规定贵族的奴婢可以通过告发主人的罪行获得自由。后来，皇太极又进一步放宽了"逃人法"，允许汉人逃走，即使抓住也不治罪，但逃到明朝统治地区便不许再返回来。重用汉族知识分子，对他们量才录用，皇太极对范文程、鲍承先、宁完我、高鸿中等富有政治经验和统治才能的人授予高官，对汉族自动归降的降将还给予封王的礼遇。

皇太极推行的这一系列缓和民族矛盾的新政策，使汉人的逃亡和反抗斗争逐渐平息，社会秩序趋于稳定，局势转危为安。

●重视农业，发展生产

努尔哈赤时期的连年战争使辽东地区经济遭到严重破坏，人口急剧减少，良田荒芜，再加上后金落后的奴隶制挫伤了农民生产积极性，使全国经济呈现出一片残破的惨状。

皇太极深知农业是立国之本，立政之基，因此他制定、颁布了一系列发展农业、保护生产的法令：不准牧畜闯入田地，践踏禾苗；保护大牲畜，除国家大祀、大宴用牛外，禁止随意屠宰，违者治罪；禁止营造寺院，避免耗费人力、物力，不准私自出家为僧、逃避生产，等等。

就这样，在皇太极的大力倡导下，女真上层统治集团逐渐认识到农业的重要性，他们始终以农务为急，尽量给农民以足够的时间耕地。

此外，皇太极还重视畜牧业、手工业、商业的发展，分别制定了相应的各项政策，扶持其健康发展。

经过皇太极十多年的励精图治，经济得以恢复；粮食生产逐渐可以自给，遇有灾荒能自救；马匹用之有余；布匹存储丰足；自造的火药、大炮充足，保证了战争的需要。

经济实力迅速增长，国家政权日益巩固，使国家逐渐走出了经济凋敝的阴影，安定了人民的生活，增强了国力，从而为进一步向外扩张打下了坚实的物质基础。

●重教育，重人才

尽管皇太极只略为识字而已，但他知道文化、教育的重要性，因此他坚持以文教治国，竭力振兴文教。他颁诏：诸王公大臣的子弟，凡年在八岁以上、十五岁以下的必须读书。如不读书，必责罚他们的父母。他倡导读书，自己率先示范。他特别喜欢读史，一有空闲就拿《金史》来读，还常常命弘文馆的官员加以讲解。

他还指示翻译汉文的书籍，如《刑部备要》、《素书》、《三略》等。为鼓励读书，皇太极又开科取士，录取满、汉、蒙古族中学习优秀的人为官，极力重视人才。在皇太极的倡导下，全国上下形成了良好的读书风气。

皇太极振兴文教，使野蛮的女真人能够明辨是非，懂得为朝廷尽忠。由此可见，皇太极提倡"治国必以文教为佐助"的确是高瞻远瞩的明智之举。

●扩充八旗制度

努尔哈赤为了调和各旗主为扩大权益而发生争斗，做出了由八个旗主共理国政的规定，并在训谕中表明在他死后要把这种体制延续下去。因此，皇太极在即位之初不得不遵从父命，对推举他为汗的代善、阿敏、莽古尔泰三大旗主优礼有加。但政务受到三大贝勒的牵制，使皇太极下定决心削弱三大贝勒的权力，强化自己的权力。

皇太极先从制度上，用扩大八旗总管旗务大臣"议国政"的权力来分割三大贝勒专主旗务之权；用诸贝勒轮流代理值日取消三大贝勒每月轮流执政的权力；用设六部主政事的办法削夺三大贝勒的政务权力。接着，又对三大贝勒逐个加以削弱和打击。

皇太极在先后铲除了三大贝勒后，独自控制了正黄、镶黄、正蓝三旗，实力大为加强，权力和地位得到巩固，其余各旗旗主已无力与之相抗衡了。

另一方面，为加强军事力量，皇太极还不断扩充八旗制度。

努尔哈赤建立八旗时，只是将女真族人编在内。公元1624年，努尔哈赤把征服的蒙古人编成五个牛录，隶属于满洲八旗。公元1629年，皇太极把蒙古五牛录扩编成两个蒙古旗。公元1635年又把两旗扩编成八旗，出现了蒙古八旗。

进入辽沈地区后，大量汉人被掠为奴，成为家内奴或拖克索（农庄）内从事生产的奴仆。皇太极即位后，不再把被征服地区的汉人编入满洲八旗人家为奴，改由投降的明朝官员或后金提拔的汉人官员来管理。最初是将这些汉人编成牛录，隶于满洲八旗之内。真正汉军八旗的形成则与清初"三顺王"（恭顺王孔有德、怀顺王耿仲明、智顺王尚可喜）的投降有密切关系。

公元 1629 年，袁崇焕计杀毛文龙之后，毛文龙部下孔有德、耿仲明于公元 1633 年投降后金。皇太极得知后，立即派范文程、刚林与济尔哈朗等率兵接应，并亲自在浑河岸边迎接，为他们举行了隆重的欢迎宴会，封孔有德为都元帅、耿仲明为总兵官。不久后，毛文龙部将尚可喜又派人来约降。翌年正月，尚可喜携部下及眷属三千五百余人归顺。

皇太极把孔、耿的部队命名为"天佑军"，尚可喜的部队命名为"天助军"，孔、耿部队的旗纛为"白镶皂"，尚可喜部队的旗纛"于皂旗中用白圆心为饰"。后又规定孔、耿与八和硕贝勒同列一班，获得同八旗旗主一样的地位，实际上等于新设两旗汉军，孔、耿、尚为旗主。

"三顺王"来归是皇太极编制汉军八旗之始，就在孔、耿归顺不久，公元 1633 年，皇太极下令从满洲各旗中抽取一千五百八十名汉人，组成一旗汉军，由汉官马光远统领，旗帜用黑色。这是皇太极组成汉军的开始。公元 1637 年，又把汉军旗分为两旗。公元 1642 年把汉军扩为八旗。至此，汉军八旗正式出现，成为清朝三军之一，所使用的旗帜和满洲、蒙古八旗一致，军事力量得到进一步提高。

皇太极在位期间把对国家体制、官制和各项政策的改革贯彻始终。他敢于摆脱氏族制的束缚，最终把一个落后的政权，建成一个封建专制的强国。

改"金"为"清"

公元 1636 年，皇太极正式即位，改国号为"大清"，改女真为满洲，一个新的时代就此拉开了历史的帷幕。

清朝的国号有一个历史演化过程。公元 1616 年，努尔哈赤于赫图阿拉称汗，号"天命汗"。在此之前努尔哈赤并无年号和国号。公元 1596 年，努尔哈赤自称"女直（真）国建州卫管束夷人之王"，钤印用的是明廷颁给的"建州左卫之印"。公元 1605 年，努尔哈赤自称"建州等处地方国王"。公元 1618 年，努尔哈赤攻占抚顺后，明廷才知道他自称"建州国汗"。公元 1619 年萨尔浒之战时，努尔哈赤开始称"后金汗国"，用"后金天命皇帝"的玉玺，在其后的书信中，直称"大金国皇帝"。努尔哈赤自诩为"金"的后裔，尊"金"为先朝，使用"金"作为国号，有继承金国的事业、继往开来的意义。

皇太极改"金"为"清"，虽为一音之转，但"清"字已赋予这个新国家、新朝代以新的意义，标志着这个以满洲贵族为主体的后金国已经发展为以满族为主体，包括汉族、蒙古族和东北地区其他民族在内的大清国，比后金国的包容量要大得多，说明努尔哈赤所开创、由皇太极继承的事业已开始进入了新的历史纪元。

公元 1636 年，皇太极即皇帝位，并举行了隆重的登基即位典礼。

当天早上，在诸贝勒、大臣的拥戴下，皇太极从盛京德胜门出发，前往天坛祭告天地。导引官奉香，皇太极至香案前跪下，接过香，连上三次。敬献完毕，由读祝官诵读祝文。宣读完毕，皇太极和百官依次入座，他率先饮酒，食祭品，然后分给百官。接下来是在大政殿举行"受尊号"礼。殿内正中放一把御金椅，诸贝勒、大臣左右分列两侧。乐起，众人行三跪九叩头礼，礼毕，多尔衮和科尔沁贝勒巴达礼从左侧站出，岳托和察哈尔汗之子额驸额哲从右侧站出，再加上杜度和都元帅孔有德，他们每两人合捧一枚皇帝御用之宝，上前跪献给皇太极，这是代表着满、蒙古、汉及其他少数民族把象征皇帝权威的御用之宝交给皇太极，承认他至高无上的地位。献御用之宝后，"满洲、蒙古、汉官捧三体表文，立于坛东，以上称尊号建国改元事，宣示于众"。读毕，再一次行叩头礼。皇太极在鼓乐声中走出大政殿回宫。

第二天，皇太极率百官到太庙追尊祖先，尊父亲努尔哈赤为"承天广运圣德神功肇纪立极仁孝武皇帝"，庙号太祖，陵寝称福陵。第三天，定宫殿名，大封兄弟子侄。蒙古诸贝勒也按亲王、郡王等级分别敕封。

就这样，中国历史上最后一个封建王朝——清朝建立了，皇太极成了清朝的第一个皇帝。

■ 相关链接

满　族

满族始称满洲，后有新、旧满洲之分，实际上几乎包含了东北所有的少数民族。

正统七年（1442年），建州卫、建州左卫、建州右卫在明朝统治下形成一个强大的部落。"建州三卫"的出现标志了满族主体部分的形成。在女真族的旗帜下，不只是女真各部，还有赫哲族、鄂伦春族、锡伯族的先民们，也采用了女真族的名号。15～17世纪，满族已成为一个新的共同体。所以，满洲为族称，是以建州、海西女真为主体，同时又包括了大部分野人女真，当地的汉族、蒙古族和别的民族，也是构成满族的重要

成员。

满族的历史，起源于明代女真族的分化和重新组合。女真族本来是散居于东北松花江流域和黑龙江一带的游牧民族，古为萧镇氏，隋唐时称为靺鞨，分为七部，五代时改称为女真。宋时又分为生女真和熟女真两部，熟女真受辽国统治，生女真却散居东北，不受辽管。北宋末年，女真族首领完颜阿骨打统一女真各部，改国号为金，史称金太祖，并起兵反辽，又与宋合作，消灭辽，称霸北方。后金兵南下侵宋，首都汴京沦陷，宋室南迁继续抵抗。后来，金国不断侵略南宋。但后来金国开始衰落，被漠北的蒙古人反叛。

蒙古本臣服于金，而金国一直以分化的策略，煽动草原上各部互相攻伐，加上每三年屠杀蒙古人一次。终于，蒙古在成吉思汗领导下崛起，并联宋伐金，金国终至灭亡。

金国灭亡后，女真人仍是散居于东北，分为建州、海西、野人等部，建州部到了努尔哈赤时强大，并吞并了女真各部，又用国号为金，史称后金，后来皇太极又把女真族改名为满洲族，国号改为大清，史称清太宗。皇太极先假意与袁崇焕和谈，趁机攻伐朝鲜。其后南侵，并且多次攻入山海关，对明朝产生了巨大冲击。1643 年太宗驾崩，世祖福临继位，由王叔多尔衮摄政。此时，大明天灾多发，民变四起，终被李自成所灭。1644 年，吴三桂与李自成的农民军激战于山海关。吴三桂以"材帛"、"割地"为条件向后金求援，多尔衮率后金军入关参战，攻入北京，征服全国，开始了大清王朝近三百年的统治。

1662 年，圣祖玄烨继位，开清代康熙、雍正、乾隆三代盛世。但到了乾隆晚年，盛世开始转下。道光年间爆发鸦片战争，接着被列强侵害，加上内乱，满人的统治动摇，人民不满情绪增加，国家每况愈下，各民族起义四起。咸丰、光绪等先后图强，可惜都失败。宣统三年（1911 年），清政府被推翻，此后满洲族改称"满族"。

新中国成立后，满族成为中华民族大家庭中的一员。至今仍主要聚居于我国东北、华北一带，散居全国。